LEOPOLDINA

Uma vida pela Independência

ROSELIS VON SASS

LEOPOLDINA

Uma vida pela Independência

Texto extraído do livro
"Revelações Inéditas da História do Brasil"

ORDEM DO GRAAL NA TERRA

Editado pela:

ORDEM DO GRAAL NA TERRA
Caixa Postal 128
06803-971 – Embu – São Paulo – Brasil

www.graal.org.br

Dados Internacionais de Catalogação na Publicação (CIP)
(Câmara Brasileira do Livro, SP, Brasil)

Sass, Roselis von, 1906 — 1997
  Leopoldina : Uma vida pela Independência / Roselis von Sass. –
Embu, SP : Ordem do Graal na Terra, 2010.

  "Texto extraído do livro Revelações Inéditas da História do Brasil"

  ISBN 978-85-7279-111-3

  1. Brasil - História - Independência, 1822
2. Imperatrizes - Brasil - Biografia 3. Leopoldina, Imperatriz,
consorte de Pedro I, Imperador do Brasil, 1797-1826 I. Título.

10-00850   CDD-981

Índices para catálogo sistemático:
1. Brasil : Independência : História 981

Capa: Arquiduquesa Leopoldina da Áustria, séc. XVIII.
   Josef Kreutzinger, óleo sobre tela, Schönbrunn, Áustria.

Copyright © ORDEM DO GRAAL NA TERRA 2010
Impresso no Brasil
Direitos reservados

10   9   8   7   6   5   4   3   2   1

"Atrás de cada acontecimento está uma vontade superior! Uma sábia previsão e uma condução firme! Não existem acasos."

Roselis von Sass

DONA LEOPOLDINA,
Primeira Imperatriz do Brasil

Primeira Parte

Através da narrativa que passaremos a expor, todo espírito realmente esclarecido poderá verificar, em todos os seus pormenores, com que zelo uma pessoa é preparada e guiada, quando tem missão especial a cumprir na Terra, dentro dos desígnios de Deus. Essa preparação, contudo, sob o ponto de vista do cuidado e da prudência, é igual para todos. Difere apenas quanto à espécie da preparação, orientando-se sempre exatamente de conformidade com a missão que a cada um compete realizar. O que verdadeiramente importa e é decisivo em face da Luz é a maneira pela qual cada um se desincumbe da missão que lhe foi outorgada. No caso da arquiduquesa austríaca, sua missão terrenal era ser soberana, pois só como tal poderia dar cabal desempenho à missão que lhe competia executar. Sem que ela mesma nem os seus parentes mais próximos percebessem foi, desde criança, sendo preparada espiritual e terrenalmente para a missão que tinha a desempenhar.

Aos doze anos de idade Leopoldina passou pela sua primeira experiência de natureza espiritual. Acordando, certa noite, viu junto da cama o vulto de uma pessoa envolvida por um véu. Tanto o véu como a vestimenta dessa visita eram resplandecentes, de cor azul-claro. O próprio dormitório em que ela estava, dormitório amplo de palácio, achava-se inteiramente tomado daquela magnífica luz azul-clara. Surpresa e sem medo, Leopoldina firmou o olhar, vendo que o vulto retirava o véu da cabeça e dirigia os maravilhosos olhos para ela. A criança começou a tremer e um grito de alegria escapou de seu peito. A visão noturna era a sua mãe, a saudosa mãe. Leopoldina teve ímpetos de saltar da cama, a fim de se aproximar da mãe, mas esta, com ternura, pousou a mão sobre a cabeça da menina, e a claridade azul se desfez, voltando o quarto de novo à escuridão noturna.

Leopoldina pôs-se a chorar, tomada de grande amargura. Não podia de modo algum compreender a razão de haverem dito a ela e a seus irmãos, todos crianças, que a mãe tinha morrido e se encontrava na presença de Jesus, no céu. Isso não era absolutamente verdade, uma vez que sua mãe estava viva, bonita e feliz.

De manhã, quando a governanta apareceu para acordar a menina, esta já se achava de pé e recebeu a sua velha serva com a afirmativa de que a mãe ainda vivia. Não estava no céu nem na gelidez da cripta. Todos, sem exceção, haviam mentido para ela, porquanto a mãe, em pessoa, tinha estado ali. Surpresa e confusa a governanta encarou a menina:

— A sua mãe está é com Jesus, no céu, disse com firmeza. A seguir perguntou onde iriam todos parar, se princesinhas imperiais começassem a acreditar em aparições de mortos. Percebendo Leopoldina que a governanta não acreditava mesmo, pôs-se a chorar e mergulhou de tal modo num pranto inconsolável, que a governanta achou melhor comunicar o fato ao imperador.

O imperador tinha especial predileção por Leopoldina, mas quando ouviu do que se tratava, daquilo que a menina afirmava ter visto, ficou zangado. De uma feita já havia existido na família um caso desses, em que uma parenta moça afirmava estar vendo aparições de mortos. Foi necessário um esforço imenso para impedir que essas visões imaginárias circulassem fora do palácio. Agora, vinha a sua própria filha afirmando que havia visto a mãe. Era demais! Porém, tão rápida quanto veio, passou logo a irritação do imperador, ao lembrar que talvez a primeira esposa, não conseguindo achar repouso na morte, houvesse realmente aparecido à filha. Era como que um sinal pedindo missas para o repouso da sua alma. Certo é que o imperador não era lá tão supersticioso quanto os seus súditos, mas no íntimo temia muito tudo quanto se referisse à morte e aos mortos. Quando mais tarde Leopoldina se apresentou em visita matinal, o pai serviu-se da oportunidade para explicar à filha que só é próprio de bruxas e de tolos viver acreditando ter visto ou ouvido coisas que não existem. Ora, ao rol das coisas que não existem, pertencem também os mortos. E por que foram, em outros tempos, queimadas vivas tantas mulheres, tantas jovens tidas como bruxas, senão pelo fato de afirmarem saber coisas que o verdadeiro cristão não pode sustentar? Espantada, Leopoldina encarava seu venerado pai, dizendo que não tinha visto morto algum, mas tão-somente a sua querida mãe, que, bem viva, resplandecia como uma lâmpada azul. Aborrecido, o imperador a interrompeu, dizendo que não estava disposto a cuidar desses disparates, sendo muito melhor que uma arquiduquesa da casa dos Habsburgos não mencionasse mais tais assuntos. Leopoldina tentou ainda convencer o pai de que ele, sem dúvida, tinha razão, em se tratando de bruxas e de tolos, mas no caso dela...

— Basta, minha filha! A governanta tomou Leopoldina pela mão e retirou-se com ela.

Alguns dias depois, houve uma nova aparição da mãe à filha, mas dessa vez sem véu, tendo a fronte cingida por um diadema refulgente, do qual pendia uma cruz sobre a testa. Encantada com a fulguração, Leopoldina fixou os olhos sobre a joia, exclamando:

"Que diadema lindo tens, mamãe! Por que não me levas contigo? Leva-me daqui, em tua companhia, pois todos vivem a repetir que morreste e estás no céu…" Num instante, trêmula de alegria a menina sentiu que em realidade estava sendo instada para seguir com a mãe, pois esta tomava-lhe a mão e Leopoldina já se via flutuando no ar, para fora do palácio, ao lado da mãe. O trajeto, porém, não foi muito longo, visto que logo depois, com grande espanto de Leopoldina, ambas se achavam na cripta dos capuchinhos, junto dos sarcófagos dos Habsburgos. Sua mãe, erguendo a mão, apontou para o seu próprio esquife.

Leopoldina olhou através da tampa e viu uma fisionomia que de fato parecia de pessoa morta. Pouca semelhança tinha com a sua mãe radiante, ali presente, sendo, apesar disso, a mesma mãe. Perturbada, a menina olhou em torno de si. Sobre um dos esquifes achava-se agachado um velho, mergulhado em lamúrias e que parecia não tomar conhecimento dos visitantes ali presentes. Leopoldina tornou a olhar para a fisionomia da morta no esquife, mas sentiu outra vez o toque delicado da mão da sua mãe viva e, num abrir e fechar de olhos, já flutuavam ambas outra vez, espaço afora, seguindo agora um caminho mais longo através de campinas e de bosques banhados de sol. Junto de uma grande árvore, a viagem flutuante chegou ao fim, e Leopoldina notou que a mãe apontava para algo que parecia estar colado ao tronco. Olhando melhor, viu que era um casulo do qual começava a sair uma borboleta. Não demorou muito e a borboleta conseguiu sair totalmente, pousando ao lado do casulo.

Nesse instante, Leopoldina percebeu que a mãe queria que ela observasse melhor o casulo vazio. Olhou, mas viu que não oferecia nada de mais. Finalmente, sem ter noção de quanto tempo aí ficara a contemplar o invólucro, tornou-se consciente de que uma pessoa pode igualmente sair do seu invólucro, como a borboleta. Cheia de alegria, olhou em torno de si, avistando largos campos floridos, árvores magníficas, só a mãe havia desaparecido. Antes mesmo, porém, de tomar perfeito conhecimento de que se achava sozinha ali, começou a flutuar outra vez e, como que arrebatada por vertiginoso redemoinho, partiu daquela radiosa paragem.

Acordando na manhã seguinte, Leopoldina foi rememorando, pouco a pouco, a aventura da noite. Aliviada, respirou profundamente, já cônscia de como pode acontecer de uma pessoa estar ao mesmo tempo morta e viva. Tão-só a ideia de um céu é que ela não compreendia bem ainda. Mas o que sabia, já era o bastante. Dessa feita, foi ao irmão Ferdinando, a quem ela estimava muito, que recorreu para confiar o seu segredo, segredo que tão-só os dois souberam enquanto viveram neste mundo.

Mais uma vez ainda teve de entrar em choque com os adultos, aliás, durante uma das suas muitas permanências na Itália. Leopoldina ouviu contar que havia morrido uma personalidade de larga projeção social e que os descendentes da mesma estavam inconsoláveis com a perda desse ente querido. Ao ouvir isso, Leopoldina começou a rir, dando mostras de grande alegria. Que gente tola ficar triste por isso, visto que a pessoa não morreu, mas apenas se arrastou para fora do casulo. Assustados com a atitude da menina, os circunstantes fitaram-na com olhos inquiridores, como que procurando descobrir nela alguma tara hereditária. Felizmente uma tia da pequena, que ali estava presente, tomando-a carinhosamente pela mão, saiu com ela dali, para dar um passeio. No caminho, pôs-se a tia a explicar que os seres humanos não se arrastam para fora do casulo, como a menina havia dito, mas que no máximo podia-se dizer que eles se erguem dos seus corpos, flutuando até o céu. Leopoldina achou muito bonita a explicação, não usando mais, daí por diante, a expressão "arrastar-se do casulo", mas sim as palavras "erguer-se do corpo", quando se tratava de narrar a morte de alguém.

Uma terceira vez tornou a aparecer a mulher que em vida tinha sido a mãe de Leopoldina. Esse fato, porém, só aconteceu alguns anos depois, a saber, antes de Leopoldina embarcar para o Brasil, a fim de cumprir lá a sua missão.

"Estou contigo e por ti espero", foi o sentido das palavras que Leopoldina ouviu quando a mãe lhe apareceu pela terceira vez. Foi uma visita muito breve. Quando Leopoldina percebeu que estava sozinha no aposento, ajoelhou-se e chamou desesperadamente pela mãe. Teve repentinamente a impressão de que nos olhos lindíssimos da mãe vislumbrava certa tristeza.

"Mãe", exclamou, "tenho medo"...

Após essas experiências espirituais, durante anos Leopoldina nada mais viu de extraterrenal. Somente pouco antes da sua partida para o Brasil é que começou a sentir de novo o dom da vidência. A partir dessa fase da sua vida, até a morte, dispôs da faculdade de ver as pessoas como de fato eram, não como se mostravam no convívio com as demais. Foi possível, assim, a Leopoldina, acumular muitas experiências. Se essas experiências foram muitas vezes dolorosas, eram necessárias como a última preparação para o cumprimento da sua missão no Juízo Final.

Espiritualmente Leopoldina fora bem preparada, assim também no que tange à sua educação terrenal, a qual, com relação à época, podia ser considerada como modelar. Mais de uma vez teve por mestres pessoas capacitadas a guiar os pensamentos da criança e, mais tarde da jovem, para o lado de coisas referentes ao Brasil. Conquanto os professores assim procedessem sem intenções, não obstante, cumpriam a seu modo o importante papel que lhes competia. Dessa forma, quando Leopoldina contava dez anos de idade, recebeu como preceptor um padre jesuíta, o qual, através de longas narrativas que fazia de perseguições aos jesuítas no Brasil, começou a atrair a atenção da menina para esse país. Além disso, era o tal padre tão versado em coisas atinentes ao Descobrimento do Brasil, e de tal modo sabia colorir as suas histórias, que até mesmo adultos ficavam embevecidos ao ouvirem-no falar.

Uma das narrativas do padre que sempre queria ouvir novamente era a história da perseguição aos índios no Brasil. Todas as vezes ela tornava a derramar lágrimas amargas, quando o assunto entrava no episódio da comovente perseguição aos índios. Revoltada, perguntava por que então o papa não dava ordens no sentido dos jesuítas trabalharem na defesa dos índios.

— Sendo o papa infalível, sabe melhor que ninguém como os índios necessitam de máximo apoio... e como os jesuítas ajudam de modo cristão.

No tocante à infalibilidade do papa, contudo, o padre habilmente procurava esgueirar-se. Não podendo, porém, como de fato não podia deixar de dar uma resposta ao caso, embarafustava-se em divagações, dizendo que a princesinha devia começar a pensar sobre a palavra de Cristo. Nisso era preciso sempre levar em conta como é difícil ser um verdadeiro cristão, pois o diabo tenta também um cristão quando menos se espera.

Decorrendo nesse teor, as aulas de religião eram uma fonte de contentamento para a pequena Leopoldina, contentamento esse que na realidade tinha de durar bem pouco tempo, porque as ordens religiosas, movidas pelo ciúme, não permitiam que nenhuma delas gozasse da predileção da casa imperial. Tendo isso em vista, eram mudados todos os anos os preceptores, mas nenhum outro conseguiu despertar na menina tamanho interesse pelas coisas da religião, como aquele simples e despretensioso padre jesuíta, vindo de Roma. O mais interessante, porém, é que a menina, através das narrativas do padre, ficou conhecendo melhor a História do Brasil do que qualquer outra pessoa na Áustria. E assim, a quase todos os novos professores de religião ela contava o que sabia da perseguição aos jesuítas no Brasil.

"E por que eram eles perseguidos?" "Simplesmente porque pretendiam dar instrução aos pobres indígenas!" Sorrindo, os professores escutavam essas inflamadas narrativas, sem, contudo, entrar em maiores indagações, dado que a Ordem dos Jesuítas não pertencia propriamente à igreja cristã, nem estava sujeita à autoridade do papa.

Ao atingir catorze anos de idade, Leopoldina teve a sua atenção novamente despertada para as coisas do Brasil. Por esse tempo Leopoldina passou a ter como professor de música um italiano de nome

Giovanni Pasquale Graziani. Esse italiano tinha vivido vários anos no Brasil, vendo-se forçado a retornar à Europa movido tão-só por dificuldades familiares. Através desse personagem, Leopoldina ficou, então, conhecendo o Brasil, agora sob um outro prisma. Mas um traço era comum entre o músico italiano e o padre jesuíta, seu primeiro professor de religião: a maneira inflamada de relatar os fatos. Dessa maneira, Leopoldina escutava a história da vida do músico no Brasil, como se estivesse presa à leitura de um atraente romance. Pois bem, Giovanni descrevia com tal riqueza de linguagem a natureza brasileira, terminando sempre por afirmar que se ali não era, pouco faltava para ser o paraíso terrestre. E assim acontecia que, muitas vezes, professor e aluna perdiam de vista o tema da lição a estudar, quando se punham a conversar sobre coisas do Brasil...

Um terceiro professor, que, sem mesmo ter consciência disso, estava destinado a preparar a jovem Leopoldina para a sua futura carreira, foi o jornalista e escritor dr. Gentz. Seu sistema de ensino não era lá o que se diga muito regular, nem nada tinha a ver com religião, não obstante foi de suma importância para a jovem princesa. O dr. Gentz havia sido nos seus tempos de moço um ardoroso adepto das ideias da Revolução Francesa, e veio a encontrar em Leopoldina uma atenta ouvinte.

Assim, quando sustentava que "todo povo tem de ser livre, ainda que tenha de conquistar a liberdade à custa do seu próprio sangue", Leopoldina o apoiava com toda a sinceridade. Que um povo deva ser livre, era coisa sobre a qual não tinha a menor dúvida, mas que para isso fosse preciso derramar sangue, isso não podia compreender. A história dos povos ensinada pelo dr. Gentz, essa, então, era um hino de consagração à liberdade, sem distinção de nacionalidade ou cor. O ilustrado professor, contudo, não era absolutamente um revolucionário no sentido comum que se empresta ao termo. Tinha como coisa certa que reis e imperadores governassem, desde que fossem verdadeiramente reis ou verdadeiramente imperadores.

Diante de ensinamentos tais, Leopoldina aprendeu que um povo podia ser livre, e no entanto seguir algum soberano.

Dr. Gentz era um amigo de Metternich, pois este trouxera-o para a corte imperial da Áustria. Essa amizade, porém, veio a sofrer profundo abalo no momento em que o dr. Gentz percebeu que Metternich não apoiava a ascensão de Leopoldina como regente do império da Áustria. Era-lhe um empecilho. Não ignorava, o dr. Gentz, que o imperador, no círculo de seus íntimos, já manifestara o desejo de confiar à sua filha Maria Leopoldina a corregência do império, mas não ignorava, também, como era grande a influência que Metternich de fato exercia sobre o ânimo fraco do imperador. Tanto mais agora, no momento em que o monarca planejava casar-se pela quarta vez.

Sabido era, igualmente, como Leopoldina manifestara de público o seu desagrado, chamando de "diabólico" o sistema de espionagem usado por Metternich, sistema esse que só podia favorecer lacaios e camareiras da corte.

Nessas condições, o dr. Gentz tomou a si a tarefa de lentamente ir preparando o espírito da arquiduquesa quanto a um possível casamento, único meio com que Metternich podia contar para afastá-la da Áustria.

O dr. Gentz, porém, não chegou a pôr em prática os seus planos em favor da jovem, uma vez que os acontecimentos se precipitaram: dom João VI rei de Portugal e Brasil procurava oficialmente uma princesa para casar-se com seu filho, dom Pedro.

Metternich fez o que pôde para convencer o imperador das vantagens que adviriam da união das duas casas reinantes através de tal casamento. Dessa vez, porém, ao contrário do que era habitual, o velho monarca já não se mostrou tão acessível aos desejos do seu ministro. Urgia, antes de mais nada, consultar a própria arquiduquesa. E com essa resolução firme do imperador, Metternich teve de se dar por satisfeito.

A primeira notícia desse projeto de casamento chegou ao conhecimento de Leopoldina através da primeira dama da corte, de sua confiança, a condessa de Kyburg. Estarrecida, a jovem encarou a velha confidente, exclamando:

— Querem, então, afastar-me da Áustria; mas o que acontecerá se ninguém se atreve a ir contra a política de Metternich?! As palavras de Leopoldina fizeram com que a condessa visse quão profundamente caro ao seu coração era o destino da sua pátria. Um outro motivo, porém, pesava em seu ânimo, para que não se afastasse da Áustria: estava apaixonada por um capitão da guarda de honra do imperador. Despercebido da intriga palaciana, desenvolvera-se o amor entre os dois jovens. Tão-só a condessa de Kyburg tinha conhecimento do fato.

O capitão era o conde Rudolf Waldeck, da velha nobreza austríaca. Sua incumbência consistia em acompanhar o imperador e a arquiduquesa Leopoldina em todos os passeios e excursões a cavalo, em companhia de outros oficiais da guarda de honra.

Leopoldina teve a sua atenção pela primeira vez voltada ao jovem conde, quando, numa cavalgada, tendo caído do cavalo, ele correu solícito para erguê-la do chão. O monarca, porém, indignado, repeliu a ajuda do capitão. Auxiliou, ele mesmo, a filha a montar de novo, podendo ela, embora machucada, retornar vagarosamente ao palácio.

Chegando lá, o próprio imperador carregou-a aos seus aposentos particulares, e lá lhe passou veemente descompostura pelo fato de ela haver estendido a mão ao conde quando este fez menção de erguê-la. Leopoldina, porém, não tinha a menor ideia de haver estendido a mão a quem quer que fosse. Ora, a irritação do imperador contribuiu para que Leopoldina começasse a observar melhor o referido oficial. Não tardou muito a perceber que o rapaz empregava todos os recursos possíveis para chegar perto dela.

No entanto, somente dois meses depois, ambos, afinal, puderam conversar à vontade, e isso no baile da corte, durante o Congresso de Viena. A partir daí os dois passaram a encontrar-se com maior ou menor intervalo, numa pequena igreja, nas imediações do paço. Nesses encontros furtivos o conde vinha encapuzado num velho capote militar de seu criado e a arquiduquesa envolta em pesado manto negro, guarnecido de capuz, pertencente a "Kibi", dama da corte. Kibi, naturalmente, era a condessa de Kyburg, a sua confidente, a qual, também, durante essas entrevistas ficava atenta, montando guarda ali na igreja.

Ora, bem sabiam os dois jovens que esses amores eram sem esperança. Chegaram mesmo a falar na possibilidade de uma fuga, embora intimamente estivessem convictos de que para ambos não havia lugar algum onde pudessem se refugiar. Além disso, uma representante da estirpe dos Habsburgos jamais se empenharia no escândalo de uma fuga, como também um oficial da velha guarda fidalga dos Waldeck nunca o faria.

Quando o imperador levou ao conhecimento da filha a proposta de casamento do trono português, Leopoldina declarou que preferia permanecer na Áustria, ao lado dele e dos seus irmãos, até que chegasse a hora oportuna dela assumir as rédeas da regência. O imperador concordou com isso. Notando Leopoldina, porém, de modo inequívoco, que o pai ficara como que constrangido ao ter de dar uma resposta negativa a Metternich, ponderou que, mesmo assim, não haveria necessidade dessa resposta ser transmitida imediatamente ao primeiro ministro. Mesmo porque não existia urgência na proposta de dom João VI.

O imperador adivinhou, num relance, o verdadeiro sentido da argumentação da filha, percebendo ao mesmo tempo até que ponto estava ele entregue às mãos de Metternich. Mas não se deixou ficar muito tempo entregue a essas tristes meditações, dizendo para si mesmo que se Metternich era tão regiamente pago pelos serviços que prestava, nada mais natural que se esforçasse também para conseguir os seus fins.

Leopoldina retirou-se da presença do pai com o coração cheio de preocupações. Conhecia muito bem as fraquezas do pai e sabia o costume que tinha de forjar sempre uma interminável série de ponderações, contanto que não sacrificasse a sua tranquilidade pessoal. E quem poderia garantir que ele mesmo, afinal, não tomasse por conta própria a resolução de aceitar a proposta de casamento? Lembrava-se da sua irmã Maria Luiza, entregue às mãos de Napoleão pelas traficâncias ignóbeis de Metternich.

Leopoldina tinha apenas treze anos quando isso acontecera; estava agora com vinte, todavia, malgrado o transcorrer do tempo, guardava ainda bem vivo nos ouvidos o amargurado pranto da sua desolada irmã, assim como, também, não se esquecia das palavras cortantes da tia Carlota, ao comentar que as princesas, de certo modo, não passavam de meros "animais de reprodução", destinados a garantir sucessores ao trono, ao passo que aos homens, tão-só, era dado gozar a vida e tirar partido da sua posição.

Leopoldina chorou amargamente. Sem dúvida que estava disposta a renunciar às afeições pessoais, ao seu amor, mas quem cuidaria do seu irmão doente, dos outros irmãos, e quem mais poderia, no futuro, oferecer resistência às sórdidas maquinações de Metternich?

Quando no dia seguinte apontou ali o padre seu confessor, um beneditino, a quem ela costumava chamar de "pai Ambrósio", a princesinha contou-lhe do projeto de casamento, de Metternich, e também do seu amor pelo conde de Waldeck. Quanto ao projeto de casamento, o padre confessor sabia muito mais coisas a respeito do que ela, e até mesmo muito mais que o próprio imperador.

Através do núncio papal, seu amigo, estava ciente de que Metternich já havia aceito o pedido. Sabia mais, sabia que o todo-poderoso Consalvi, que na organização da Igreja desempenhava no Vaticano mais ou menos o mesmo papel que Metternich na política, diferindo apenas deste por ser muito mais inteligente e menos vaidoso, era contra a aceitação do projeto de casamento português. Assim, embora a Igreja agisse de comum acordo com Metternich, Consalvi, por certas e determinadas razões, desejava que a arquiduquesa Leopoldina assumisse as rédeas do governo austríaco.

No tocante aos amores pelo conde, Leopoldina recebeu da parte do confessor a mais enérgica repulsa. Sustentava com toda a severidade que uma arquiduquesa da Áustria não fora educada para vir a ser simples esposa de um conde. Além do mais, de um conde que em toda a Viena se tornara conhecido pela sua vida leviana.

Leopoldina encarou com firmeza o velho padre, que há três anos vinha sendo seu confessor, o qual, embora às ocultas, havia lido para ela escritos de Paracelso e de Nostradamus, pois ele gostava muito de investigar antigas profecias. No entanto, aí se mostrava que o mesmo doutrinador preferia apoiar uma situação falsa, contanto que não viesse a perturbar o comodismo de velhos hábitos tradicionais...

Leopoldina perguntou então ao seu confessor se este também tinha achado certo o casamento da sua irmã com Napoleão, porquanto ele, como toda a gente, bem havia de saber que Napoleão amava somente Josefina e os seus planos de guerra, fato esse que nenhuma corte europeia ignorava.

Diplomaticamente, padre Ambrósio respondeu que a Igreja não tinha nada a ver com aquele casamento. Leopoldina, contudo, não se deu por satisfeita, e continuou perguntando se o casamento, diante de Deus, não tinha muito mais valor quando feito por amor do que fundamentado em motivos de Estado.

— Sem dúvida que sim, respondeu padre Ambrósio, mas não é justo, também, que se ponha em risco a organização de um país inteiro, embaraçando-a tão-só por causa de amor…

— Mas, ponderou ainda Leopoldina, se solicitasse ao meu confessor a sua interferência no sentido de pedir a seu amigo, o núncio papal, que demova Metternich de apoiar o projeto de casamento português?

— Isso está fora de cogitação, respondeu padre Ambrósio. A Igreja não se intromete em questões de Estado. Bem, Leopoldina sabia agora que não podia contar com padre Ambrósio, estava só, inteiramente só. Seu destino estava nas suas próprias mãos.

Metternich, efetivamente, já havia mandado transmitir o seu assentimento a Marialva. Dessa feita, porém, o imperador não se mostrou tão fraco como a filha supunha. Mandou chamar o ministro à sua presença para comunicar-lhe que a arquiduquesa permaneceria na Áustria, uma vez que a enfermidade do príncipe

Ferdinando era certamente incurável, tornando-se necessária a presença de Leopoldina no país.

A resposta de Metternich não se fez esperar: declarou que já havia dado o seu consentimento para as negociações, uma vez que o próprio imperador no decorrer da última conversação a respeito não havia dito expressamente "não", ficando ele assim, como ministro responsável, na impossibilidade de retirar a palavra empenhada, sob pena de cair no mais completo ridículo, pelo que, desde já, pedia a Sua Majestade demissão do cargo.

Estupefato, o imperador encarou o ministro. De um lado, é verdade, ficaria satisfeitíssimo se pudesse ver-se livre de Metternich; por outro, estava às vésperas do seu quarto casamento, e não era hora oportuna de se aborrecer com complicações de crises ministeriais. Diante disso, só lhe restava dizer que competia exclusivamente a sua filha, a última palavra, se era ou não da sua vontade aceitar a mão do príncipe herdeiro do trono português. Até lá ficariam as coisas no pé em que estavam.

O imperador não pôde falar imediatamente com a filha, porquanto a sua noiva, Carolina Augusta, filha de Max da Baviera, chegara a Viena, acompanhada do seu séquito. Além disso, Leopoldina foi acometida de um leve estado febril, em consequência da emoção que sofrera ao ver-se abandonada pelo padre confessor, sagaz homem de Estado, vestido de sacerdote.

Durante essa enfermidade, pondo-se a meditar, veio a reconhecer que, afinal, havia tomado uma atitude defensiva contra uma situação que na realidade não fora expressamente declarada. Pois o seu próprio pai não lhe havia autorizado, deixando nas suas mãos deliberar como quisesse, sobre a aceitação ou não desse casamento? Alguém, porventura, a estava forçando a se preocupar com o falado projeto do rei português? "Está em minhas mãos permanecer ou não, aqui", ponderava ela.

Procurava por todos os meios possíveis esquecer, afastar a ideia dos tais planos de casamento, mas era inútil: o assunto a preocupava sem cessar. Ardendo em febre, revolvia-se certa noite na cama, quando começou a ouvir o estranho tanger de um sino. Procurava acalmar-se, tentando descobrir de que igreja poderia vir aquele esquisito som.

Enquanto meditava persistentemente dessa maneira, foi o dormitório subitamente inundado por uma radiosa luz azul-clara, como que prenunciando o aparecimento da sua mãe. Não foi, todavia, a mãe que surgiu junto de sua cama, na fulguração azul. Foi uma figura varonil, o vulto grande de um homem, vestido de branco. O que, antes de mais nada, porém, atraiu a atenção de Leopoldina foi um disco de ouro, do qual refulgia o sinal de uma cruz. Essa joia estava, de algum modo, presa ao peito do estranho personagem.

Ao defrontar-se com o mesmo, Leopoldina foi assaltada por uma sensação de felicidade como nunca na vida, uma felicidade que não era deste mundo. Sentiu-se, de um momento para outro, sob a mais perfeita impressão de segurança, de apoio, e a sua inquietação desfez-se em nada. Percebeu, afinal, que essa aparição desejava comunicar-lhe algo. Cheia de receptividade, ergueu os olhos para o rosto resplandecente daquela esplêndida aparição.

Enquanto ela assim olhava para cima, desvaneceu-se aos poucos o luminoso vulto, aparecendo no seu lugar uma espécie de globo terrestre, em que se destacavam dois pontos de grande luminosidade. Contemplando demoradamente essa extraordinária visão, verificou que um dos pontos representava o seu país natal, a Áustria, ao passo que o outro, situado bem distante, era o Brasil. Esses dois países se apresentavam ligados por intermédio de uma larga faixa de luz nas cores do arco-íris. Uma espécie de ponte suspensa entre as duas nações.

Repentinamente, Leopoldina teve conhecimento de que o caminho do seu destino, através dessa ponte, ia ter àquela terra longínqua. Sem mais demora, o globo desapareceu e o espaçoso dormitório do palácio ficou de novo imerso na escuridão da noite.

Depois dessa revelação, a paz retornou à alma da jovem. Toda a insegurança se desfez. O caminho do seu futuro lhe fora assim revelado para que entrasse nele. Conquanto não soubesse dizer ainda qual a tarefa a ser cumprida naquele país distante, já sabia, porém, que uma incumbência estava à sua espera. Em vão, não lhe fora mostrado o globo terrestre. Fora honrada com uma missão.

Quando ficou ciente desse fato, seus olhos se encheram de lágrimas e uma oração de agradecimento ao Senhor do mundo preencheu a sua alma. "Meu caminho, portanto, se estende através dos mares para um país fluorescente!" Diante dos seus olhos espirituais estendiam-se maravilhosas florestas, cujas árvores, como um mar de flores, se curvavam ao sopro do vento. Era um quadro de uma beleza e de uma alegria tão grandes, que não parecia ser deste mundo.

Leopoldina olhou demoradamente para o brilho desse maravilhoso mundo. "Mas onde estavam os seus habitantes? E por que o seu caminho levava para esse país distante? O que havia lá?"

"Auxilia o povo a libertar-se e prepara o país para o tempo em que o Salvador virá para executar o Juízo sobre a Terra. Se assim o fizeres, cumprirás a missão que te foi confiada e a ti mesma te prepara para aqueles tempos em que os mortos e os vivos estarão uns ao lado dos outros, perante o trono do Juiz."

Tremendo, Leopoldina estava deitada em seu leito. Não sabia dizer de onde tinham vindo essas palavras. Quem as havia proferido? Não se via ninguém. Repetiu várias vezes as palavras ouvidas, para que não esquecesse nenhuma delas. "Se o Salvador virá para o Juízo, então somente poderia tratar-se do Juízo Final! Na Bíblia se encontra uma exata descrição desse Juízo."

Leopoldina pôs-se a meditar longamente sobre tudo. Gostaria de confiar tudo a alguém, mas o perigo de ser tachada de bruxa gravou-se nela com letras de fogo. "Bruxas e loucos veem coisas que não existem", assim tinha falado o pai, quando a querida mãe lhe tinha aparecido. O que, então, não diria ele agora?

Quando Leopoldina no outro dia levou ao conhecimento do imperador a sua resolução de se casar com dom Pedro, a primeira impressão que o pai teve foi de profunda mágoa. A própria Carolina Augusta da Baviera, que dentro de poucos dias ia se tornar a quarta esposa do imperador, mostrou-se desagradavelmente surpresa, pois, no curto espaço de tempo em que estava em Viena, reconhecera imediatamente em Leopoldina uma alma de espécie igual, alegrando-se por ter na sua proximidade uma verdadeira amiga. E, agora, Leopoldina queria abandonar a todos.

O imperador perguntava sempre de novo à filha por que tomara tão de repente essa resolução. Justamente agora, quando podiam libertar-se de Metternich e da sua nefasta política, Leopoldina falhava. "Por que o Brasil?" Pelo que tinha ouvido, uma proposta semelhante tinha vindo da Inglaterra, que pretendia igualmente uma princesa à altura para o irmão mais moço do príncipe de Gales. Preferível, sem dúvida, seria um casamento na Inglaterra que num país tão distante assim. Embora em princípio fosse contra a Inglaterra, contra seus amaldiçoados democratas e a sua esquisita religião, gostaria que sua filha fosse para lá, já que queria casar-se.

Contudo, Leopoldina ficou firme. Só iria para o Brasil; casar-se-ia lá, ou não casaria. Indignado o imperador olhava para a filha. Os dois irmãos de Leopoldina notaram surpresos a irritação, ao entrarem no gabinete do pai. Quando, porém, ouviram que Leopoldina, de um momento para outro, tomara a firme resolução de casar com o português, ficaram igualmente decepcionados e irritados, como o pai.

— Por que o Brasil? perguntou Ferdinando. O Brasil é politicamente insignificante, praticamente não existe. De mais a mais, é um país de escravos!

Nessa altura formara-se ali um verdadeiro drama de família, até que o imperador, vendo Leopoldina romper em pranto, resolveu dar o caso por terminado.

Mais tarde a notícia foi levada ao conhecimento de Metternich, comunicando que a arquiduquesa havia tomado a deliberação de aceitar a proposta de casamento da coroa portuguesa, e que Francisco Carlos, seu irmão mais moço, aos poucos deveria ser inteirado dos negócios de governo.

Metternich mal pôde encobrir um sorriso de triunfo. Apresentou cumprimentos a Leopoldina, declarando que estava na plena convicção de que a inteligência da escolha tinha acertado o caminho. E logo mais, quando Metternich contou a Leonor, sua esposa, a decisão da arquiduquesa, a mulher transbordou de satisfação. Sim, porque de agora em diante a sua posição na corte estava assegurada por muitos anos. Foi uma verdadeira festa de alegria que o casal celebrou, com uma tal notícia. Metternich não deixou sequer turvar sua alegria quando, no mesmo dia, o dr. Gentz lhe deu a mão, dizendo:

— Eu dou os parabéns ao Brasil e os meus pêsames à Áustria…

Leopoldina começou imediatamente os preparativos. Doía-lhe profundamente ver que os irmãos a encaravam como alguém que os tivesse traído, contudo, não se deixava demover. Seu querido tio, o arquiduque Carlos, irmão do seu pai, não ficara menos surpreso com a decisão da sobrinha, mas disse que uma princesa dos Habsburgos, onde quer que se encontre, sempre tem uma missão a cumprir. Se ela fosse para o Brasil, tinha de manter diante dos olhos que isso era o mesmo que ir para a linha de frente numa guerra, tanto mais que ela não sabia ainda se ia pisar em terra inimiga ou não.

Bem sabia Leopoldina por que o tio assim falava. Lembrava-se da irmã Maria Luiza, a qual também pelo casamento se vira colocada em linha inimiga.

— Darei para a tua proteção dois dos meus melhores cães, disse o arquiduque sorrindo. Realmente, pouco antes da partida de Leopoldina, deram entrada no paço dois belos cães dinamarqueses, chamados Custos e Custódia. Leopoldina, desde o primeiro momento, afeiçoou-se pelos cães, que na nova pátria muitas vezes a protegeriam.

O povo de Viena mostrou-se descontente com o projetado casamento da princesa, pensando, como é natural, que pelas maquinações da política de Metternich é que Leopoldina se vira forçada a dar esse passo. Somente quando o embaixador de dom João VI, o marquês de Marialva, deu entrada em Viena com uma grande pompa, os vienenses se consolaram.

Um embaixador que vinha com uma tal suntuosidade e brilho, de outro lugar não poderia vir, senão de um país de fadas... Ficariam muito admirados se viessem a saber que os cofres do Brasil andavam tão vazios, como os de Viena. Não que o Brasil não possuísse riquezas, riquezas essas que eram ciosamente guardadas pela rainha dona Carlota Joaquina e sua parentela espanhola... Era, portanto, fortuna particular.

Leopoldina pouco se importava se ia para um país rico ou pobre. O seu destino era a terra longínqua. Além do mais, não tinha noção do que significava riqueza ou pobreza, uma vez que sempre tinha tudo de que necessitava.

Logo depois da chegada de Marialva, Leopoldina começou a aprender o português, sendo seu professor Hans von Bruchhausen. Bruchhausen era natural do Rio Grande do Sul, desempenhando o papel de uma espécie de adido, que tinha vindo em companhia do embaixador brasileiro para a Áustria. Através de Bruchhausen, Leopoldina começou a ver o Brasil sob um novo ponto de vista. Contou-lhe o professor que as mulheres de lá viviam fechadas nas suas casas, sem a mínima liberdade. Os homens, sim, eram os verdadeiros senhores.

Leopoldina dificilmente podia formar uma ideia do que significava viver fechada em casa. Mesmo assim, prestava toda a atenção no que Bruchhausen dizia. Fora das aulas lia, com sofreguidão, os escritos de Alexander von Humboldt e outros relatos concernentes à América do Sul. Não queria ir tola e ignorante para o novo país.

Ao comunicar ao seu professor de pintura, Johann Buchberger, a notícia do seu próximo enlace, ele manifestou desejo de acompanhá-la, tendo mesmo a ideia de levar consigo vários naturalistas, pois onde, melhor que no Brasil, encontrariam eles campo aberto para as suas pesquisas? Leopoldina achou magnífica a lembrança de convidar naturalistas para virem ao Brasil e imediatamente tratou de falar com o pai a esse respeito. Este também achou boa a sugestão de Buchberger. Deu ordens imediatamente sobre o assunto, para que tudo se encaminhasse através de Metternich.

Além disso, ocorreu também a Leopoldina que poderia trazer imigrantes europeus para o Brasil. Na Áustria, como na Alemanha e Suíça, tinha havido, justamente por aquela época, verdadeiros anos de fome, existindo muita gente que mal tinha comida uma vez por dia. Também esse plano foi mais tarde executado, embora Leopoldina tivesse de passar por muitos dissabores, justamente por parte desses imigrantes. Uma boa parte deles ficou muito admirada de que aqui no Brasil tivesse de trabalhar e, no início, até duramente. Pensavam muitos que o Brasil era uma espécie de *"país das delícias"*, onde bastava somente estender as mãos para obter tudo quanto precisassem. Sem esforço algum.

Leopoldina encontrou-se ainda por duas vezes com o conde Waldeck na pequena igreja. Ao tomar conhecimento da decisão de Leopoldina, Waldeck foi tomado de violento acesso de cólera, na certeza de que ninguém mais que Metternich era o responsável por essa malfadada ideia. Procurou convencê-la, por todos os meios possíveis, de que ela devia permanecer em Viena. Por seu lado, ele também se comprometia a tratar da sua transferência para qualquer ponto distante, nas fronteiras do país. Contanto que ela não saísse da Áustria. Mesmo porque, ninguém sabia qual o destino do Brasil, comentando-se até que a própria Inglaterra já estava pretendendo os direitos sobre esse país.

Foram, porém, inúteis todas as súplicas e palavras do conde. Leopoldina chorava desesperadamente por ter de se separar dele, mas não desistiu da sua resolução. O conde Waldeck, completamente arrasado, deixou-se ficar ali na igreja, quando Kibi, dama de honra de Leopoldina, veio buscá-la para retornarem ao palácio. "E como poderia ser de outro modo?" perguntava ele a si mesmo. O seu erro foi ter erguido os olhos para uma arquiduquesa, sabendo que essas são sempre sacrificadas por razões de Estado.

Waldeck começou a beber, tornando-se irritado e briguento, ao ver que Leopoldina de modo algum mudava o modo de pensar. Três anos depois, ele morreu através da mão de seu melhor amigo. Achando-se em companhia de vários outros oficiais, num restaurante, nas imediações da sua guarnição, estavam já todos mais ou menos embriagados, quando um capitão, meio rindo e em tom de mofa, perguntou a Waldeck se já tinha ouvido falar que a Leopoldininha se havia juntado com apóstolos da liberdade, para derrubar a monarquia no Brasil, naturalmente apoiada pelo Pedrinho…

A essas palavras o conde ergueu-se de um salto e arremessou o zombador ao chão. Temendo que o conde pudesse matar o outro, o amigo, tomando de uma baioneta, colocou-a contra o peito de Waldeck num momento em que ele se aprumava. Waldeck, porém, pouca importância deu à ponta da arma. Arremeteu de novo contra o zombador e na violência dos movimentos a baioneta penetrou em seu peito, morrendo ele quase que instantaneamente. Mais tarde dizia-se que havia perdido a vida num duelo.

Nesse ínterim Leopoldina foi à procura do seu confessor, o padre beneditino Ambrósio. Também este ficou atônito ao ouvir do casamento da sua penitente, recriminando a si mesmo, certo de que o amor em relação ao conde fora a causa decisiva dessa deliberação. Mas Leopoldina riu ao ver a cara do velho.

— Vou casar-me, sim, reverendo, disse ela, mas não penses que é por razão de Estado...

— Não é então por razão de Estado? Por que então? A ele, habitualmente tão loquaz, faltavam agora as palavras...

O núncio papal, que casualmente se achava em Viena, por sua vez encarou o padre, incrédulo e surpreso, quando este teve de dizer-lhe que não sabia por que a arquiduquesa tomara a surpreendente resolução de ir para o Brasil. O núncio também pensou que Metternich estava por detrás disso.

O padre Ambrósio manteve correspondência durante anos com a velha dama de honra, confidente de Leopoldina. E através dela ficava a par de tudo quanto se passava no Brasil. Assim, ao saber do incrível modo de vida de dom Pedro, enviou ao cardeal Consalvi uma carta na qual pedia permissão de vir para o Brasil, a fim de defender a princesa de dom Pedro.

Como parecia que o príncipe não era um homem normal, seria bom que ele viesse para ficar ao lado da sua penitente. O cardeal Consalvi, porém, indeferiu a pretensão do padre, alegando que persistia ainda a esperança de que a princesa retornasse à Áustria. Teve o padre de se dar por satisfeito, embora com os seus botões continuasse sempre a chamar dom Pedro de portuguesinho sujo...

Em Viena foram feitas festas sobre festas. O contrato de casamento por parte da Áustria foi assinado por Metternich e por parte do Brasil pelo marquês de Marialva. Uma semana antes de partir para o Brasil, teve ainda Leopoldina uma agradável surpresa. Num envoltório de papel, cuidadosamente amarrado, enviava-lhe Goethe uma poesia.

Profundamente grata, Leopoldina reteve demoradamente nas mãos a preciosa lembrança do poeta. Sua grande admiração por Goethe datava do dia em que, anos antes, o conhecera pessoalmente numa estação balneária, na Boêmia. Lembrava-se ainda de todos os pormenores do encontro, de quanto ele dissera a ela e a sua madrasta a respeito da sua obra *"As Afinidades Eletivas" (Die Wahlverwandtschaften)*. Jamais vira alguém se expressar de modo tão vivo e fascinante.

Naquela ocasião, a madrasta andava passando mal de saúde, sendo assim obrigada a permanecer frequentemente no recinto do parque balneário, dando ensejo para que Leopoldina repetidas vezes ficasse passeando com Goethe no parque.

Nunca, como ali, na sua vida, se sentira tão orgulhosa pelo fato de Goethe se dignar a vir falar com ela, a insignificante jovem. Durante o Congresso de Viena, teve ainda, por duas vezes, a oportunidade de ver Goethe acompanhado dos seus dois amigos, Zelter e Eckermann.

Agora, de repente, vinha à sua lembrança uma conversa em que o poeta fizera referências a *espíritos da natureza (Naturgeistern)*. Ao passar junto de ambos uma velha duquesa, extremamente feia, Leopoldina recordava ainda de como Goethe, em voz baixa, lhe dissera que essa criatura certamente seria uma das tais que à noite sai pelos ares montada num pau de vassoura...

Naquela ocasião, Leopoldina achou graça no caso e riu; agora, porém, pressentiu que Goethe deveria ter tido vivências semelhantes às suas. Talvez ele também não quisesse falar disso. Mesmo porque, naquela ocasião, Goethe já era um dos homens mais discutidos da Europa...

No Brasil, Leopoldina por duas vezes ainda recebeu notícias dele. O poeta mandava-lhe lembranças. A primeira vez por intermédio de von Oynhausen, a segunda, por intermédio de Schaeffer. Este estava encarregado por Leopoldina de procurar emigrantes na Europa, desempenhando todas as tarefas que se relacionassem com o caso, uma vez que ela, pessoalmente, já não dispunha mais de tempo para tal.

Através de Oynhausen, Goethe mandou dizer a Leopoldina que nutria profunda simpatia pelo Brasil e que talvez um dia ainda pudesse fazer uma viagem para cá. Leopoldina tinha certeza de que ele viria mesmo, se ela o convidasse. Mas como ela poderia convidar alguém? Dom Pedro andava doente e era um libertino...

Estando ainda em Viena, Leopoldina, ao segurar nas mãos a poesia de Goethe, nada suspeitava ainda da sua árdua missão de precisar viver ao lado de um homem que, digamos, conscientemente cavou a sua própria ruína. Leopoldina regozijou-se profundamente com o presente recebido, principalmente pelo fato de Goethe não a ter esquecido.

Durante o período dos preparativos, Leopoldina andou tão atarefada, que não lhe restou tempo para pensar no seu infeliz romance de amor. Sentia esse amor como uma ferida dolorosa na qual era melhor não tocar. Na tarde da véspera da sua partida, foi-lhe ainda oferecido um grande concerto pela banda do regimento. Leopoldina estava ali no círculo dos seus familiares e ouvia. Mas não conseguiu ficar até o fim. A dor da separação subjugou-a de tal maneira, que mal pôde conter as lágrimas.

Apresentando escusas, recolheu-se aos seus aposentos. Lá chegando, ajoelhou-se no genuflexório e chorou amargamente. Decorrido breve tempo, porém, aprumou-se, pedindo perdão a Deus por haver chorado numa conjuntura em que fora julgada digna de uma missão. "A música, todavia, penetrou-me de tal modo no coração, que fui compelida a chorar; não me abandones, meu Senhor!"

Leopoldina embarcou em Livorno, a bordo da nau capitânia Dom João VI. Todo um cortejo de carruagens acompanhou-a rumo à Itália. Em Livorno encontrou-se com a irmã Maria Luiza, que vivia com o conde de Neippberg. Abraçou Leopoldina e narrou-lhe alguns episódios da sua vida em comum com Napoleão. Dentre muitas coisas disse que Leopoldina tinha ao menos um consolo: o de casar-se com um príncipe real. Pois Napoleão não passava de um corsário, filho de corsários, pelo que jamais havia de perdoar Metternich por tê-la forçado a esse casamento.

— Partiu-se dentro de mim algo que não sei exprimir, muito embora presentemente eu seja feliz, disse Maria Luiza. E mais: se o teu Pedro acaso tem amantes, lembra-te, então, de minha condição, pois até mesmo durante o sono Napoleão chamava por Josefina, lançando-me sempre no rosto que a minha função era apenas a de garantir um herdeiro para o trono, e uma vez conseguido isso poderia ir-me embora.

Horrorizada, Leopoldina ia escutando tudo o que a irmã lhe contava. Bem sabia ela que Maria Luiza fora infeliz no casamento com Napoleão, mas que ele a houvesse maltratado, disso jamais tivera notícia. À medida que Maria Luiza falava, Leopoldina ia se lembrando da mulher que fora o grande amor de Napoleão. Pois não teria ela, Josefina, também sofrido, quando, por razão de Estado, se viu obrigada a deixar Napoleão? Depois da irmã haver se retirado do navio, Leopoldina ficou oprimida e amedrontada.

Na viagem a bordo, sentia-se profundamente triste, sem atinar mesmo com os motivos que a levavam a isso. Saudades não eram, porque se sentia inteiramente desligada dos seus. Livre de quaisquer laços afetivos seguia ao encontro do seu destino. Tinha a intuição de que estava perfeitamente preparada para o lugar que deveria preencher.

Falava quatro línguas; certamente dentro em breve estaria conhecendo bem o idioma português. Tocava violino e piano. Música e botânica eram as suas ocupações prediletas, principalmente a botânica. Das suas viagens e excursões trazia cestas cheias de plantas exóticas que aproveitava para pintar. As paredes dos seus aposentos no paço viviam cheias de pinturas e de desenhos de história natural. Teria sido com muito maior prazer naturalista do que princesa.

Enquanto Leopoldina pensava na sua vida em Viena e na sua educação, tornou-se consciente de que iria ao encontro de uma vida dura. Apesar disso, não desejava recuar.

"Onde há sofrimentos, há também alegrias", consolou-se a si mesma...

O navio em que Leopoldina seguiu para o Brasil, vinha repleto de passageiros. Dom João enviou uma comitiva ao seu encontro, da qual faziam parte dois médicos: dr. Bernardino e dr. Mello Franco. Ambos já se achavam há muito tempo no Brasil e sentiam-se como que brasileiros. Dr. Mello Franco e senhora eram nascidos em Portugal, mas desejavam que os filhos nascessem no Brasil. Da referida comitiva constavam também outros elementos que punham todo empenho em se dizer portugueses, tendo, por um ou outro motivo, a presunção de superioridade sobre os brasileiros natos, ou sobre aqueles que se sentiam como que nascidos aqui.

De conversas que ouviu dessas pessoas, Leopoldina percebeu logo que existiam no Brasil duas facções ou, dizendo melhor, que se manifestava já uma cisão. Mais tarde, conhecendo de perto os referidos médicos, confiou-lhes a sua observação. O dr. Mello Franco pôs-se, então, a descrever-lhe pormenorizadamente toda a situação política do Brasil, não deixando de tocar, também, na morte de um certo José da Silva Xavier. Este havia desejado a liberdade para Minas Gerais, tendo pago com a vida o seu ideal, morrendo na forca. Pensativa, Leopoldina encarou os dois médicos, ao terminarem os seus comentários, inquirindo se havia muita gente no Brasil desejando a liberdade. Com certo receio os dois entreolharam-se e acenaram com a cabeça afirmativamente, acrescentando que o número desses tais já era muito maior do que se poderia supor.

— Isso é muito natural, comentou com firmeza dona Leopoldina, todo país tem o direito de ser livre. Os dois médicos acenaram de novo com a cabeça, em sinal de aprovação. Mas não pretendiam dizer mais nada... "Que poderia uma princesa de Habsburgo compreender do imenso desejo de liberdade?"

Não tardou muito, porém, e logo se evidenciou a ambos que ela efetivamente era a favor da libertação do Brasil de Portugal. Mais tarde, quando dona Leopoldina se empenhou de todo pelo movimento da Independência do Brasil, os dois médicos rememoravam a conversa que haviam tido com ela, a bordo.

Dentre as centenas de passageiros havia também dois clérigos, de aparência insignificante, que tinham entrado a bordo em Livorno. Esses dois clérigos não eram mais do que informantes secretos do cardeal Consalvi. Traziam a incumbência de transmitir ao referido príncipe da Igreja tudo quanto se referisse à vida particular da arquiduquesa e de dom Pedro.

Fizeram entrega a um padre, no Rio de Janeiro, de um documento do cardeal.

Consalvi, por ocasião da partida de dona Leopoldina para o Brasil, já estava perfeitamente a par da vida de dom Pedro. Não só disso, como estava muito bem informado da vida de toda família real portuguesa. Para ele era, portanto, apenas uma questão de tempo, o retorno de dona Leopoldina para a Áustria. Não tinha dona Leopoldina ainda aportado no Rio, e já o cardeal Consalvi havia conversado com o papa, no sentido de uma possível anulação do casamento de dona Leopoldina com dom Pedro. Diante do espanto do papa, Consalvi fez ver que dom Pedro de Bragança era um possesso, sendo de lamentar que a jovem princesa não tivesse sido devidamente prevenida das condições de vida que teria de enfrentar. Além do mais, nada de bom ela poderia esperar dessa Carlota e dos seus parentes espanhóis. O papa, que estava habituado com o fato do cardeal agir sempre da melhor maneira, disse apenas que era preciso dar tempo ao tempo.

Nesse ínterim o navio capitânia "Dom João" passou ao largo de Lisboa, sem tocar no porto. Diante das perguntas de Leopoldina, o almirante da esquadra justificou o fato, alegando que um general inglês se achava precisamente em Lisboa com o único fito de aprisionar a princesa austríaca como refém. Pelo menos assim diziam as instruções recebidas de Portugal. Tão-só no Funchal é que o navio capitânia e os navios de comboio lançaram âncora, descendo em terra dona Leopoldina e a sua comitiva, sendo recebida pelo governador e pelo bispo de Madeira.

A recepção da chegada e as festas subsequentes foram tão cordiais e sinceras, que Leopoldina pôde, pelo menos passageiramente, amenizar o triste estado de alma em que se achava. Ao despedir-se, foi ricamente presenteada pelas mulheres da ilha. Uma senhora idosa, aliás parente do governador, agradeceu em nome de todas a honrosa visita.

— É a primeira vez, disse, que nos foi permitido tomar parte em uma festa em que se encontram homens. Até agora os nossos maridos compareciam sempre sós, ao passo que nós, como sempre, tínhamos de ficar em casa, fechadas, por trás das portas e janelas.

Leopoldina riu ao ouvir essas palavras, compreendendo, então, por que motivo as mulheres que ficara conhecendo lhe pediam, insistentemente, que ficasse com elas por mais alguns dias. Por mais que o desejasse, não poderia fazê-lo: a viagem para o Brasil era longa e ela apenas podia prometer vir especialmente um dia visitá-las, partindo do Brasil e em companhia do marido, o príncipe dom Pedro. Estando já a bordo e ao partir sob a salva de muitos tiros de despedida, só então é que Leopoldina se lembrou de que um dia todas aquelas pessoas que ficara conhecendo viriam a ser seus súditos.

Durante a longa viagem, Leopoldina dispunha de horas a fio para ficar sozinha. Essas eram, de algum modo, horas de aprendizagem. Foram sendo apresentados a ela, espiritualmente, grupos de pessoas que havia muitos milênios tinham vivido no país que ia ser a sua nova pátria. Leopoldina sentia-se verdadeiramente encantada pela expressão de beleza e de felicidade que parecia irradiar-se delas. Depois de semelhantes visões, não podia compreender mais por que motivo as pessoas, que então povoavam a Terra, eram tão feias, até disformes, e por que tanta doença e tanto sofrimento espalhados pelo mundo. De onde tinha vindo tudo isso?

Seguidamente meditava sobre essas perguntas, sem, contudo, conseguir uma resposta. Só muito mais tarde, quando já havia conhecido o sofrimento no Brasil, lhe apareceu de novo o espírito luminoso portador da insígnia solar, mostrando-lhe, em imagem, que o ser humano terreno havia se tornado inimigo de Deus. A Terra inteira está povoada de inimigos da Luz. Fez-lhe ver ainda que era necessário que ficasse conhecendo esses inimigos e a sua espécie, pois no dia em que o Salvador viesse para o Juízo Final, os inimigos de Deus seriam a maioria. Multidões de espíritos humanos que ainda se encontravam presos nos submundos teriam ainda de nascer na Terra para se julgarem a si mesmos...

Muitas vezes, no decorrer dos anos, Leopoldina teve revelações sobre o vindouro julgamento do mundo. Mas foi tão-só depois de haver sentido na própria carne a vileza dos seres humanos, que começou a compreender a necessidade de um dia vir um julgamento punitivo. Aos poucos, Leopoldina foi vendo que a vida humana não era tão simples assim como lhe haviam ensinado. Céu, inferno, purgatório... desses três lugares sabia de tudo, mas onde podia ser introduzida a reencarnação? Sim, era uma reencarnação, se seres humanos tivessem de voltar à Terra, ainda mesmo que fosse para o Juízo Final. Um dia, certamente, ainda teria explicações sobre isso, mesmo que tivesse um longo caminho a percorrer.

Aproximava-se, finalmente, o dia da sua chegada ao Rio de Janeiro, dia 4 de novembro de 1817. Pôde, então, Leopoldina contemplar o mais maravilhoso quadro da natureza que jamais lhe fora dado ver: a entrada da Baía de Guanabara.

Na tarde da chegada vieram, do navio comboio São Sebastião, os naturalistas austríacos e o plenipotenciário com a sua comitiva, a fim de apresentar à noiva saudações de boas-vindas. Logo depois, encostou-se ao navio capitânia um iate, com ornamentos dourados, e Leopoldina viu, pela primeira vez, o homem ao lado de quem tinha de cumprir uma missão.

Ao ver dom Pedro pela primeira vez, Leopoldina sentiu ao mesmo tempo atração e repulsa. Com toda a energia teve de afastar de si a impressão de medo que também a dominou. Ele fora distinguido por Deus com uma missão, portanto só poderia ser bom…

Dom João, pai de dom Pedro, veio ao seu encontro com grande simpatia, bem como a irmã mais velha de dom Pedro, Maria Teresa. Mas ao defrontar-se com a mãe de dom Pedro, Carlota Joaquina, Leopoldina sentiu um arrepio de horror. Carlota mostrava-se amável para com ela, sorridente e acolhedora, mas todos podiam notar muito bem que somente com grande esforço podia encobrir a aversão que sentia pela "estrangeira". Essa mesma disfarçada aversão demostrava, também, a comitiva de Carlota.

Depois do banquete em que havia tomado parte no navio, com a família real e várias comitivas,

Leopoldina viu-se de novo só na cabina. Ajoelhou-se e agradeceu a Deus por tê-la conduzido a um país maravilhoso assim, reafirmando mais uma vez que ficaria fiel no seu lugar, na felicidade ou infelicidade.

Encerrada a prece, afastou-se dela a estranha impressão de medo que a dominara durante o dia inteiro, e uma onda de confiança refluiu de novo no seu coração.

A entrada, na manhã seguinte, no Rio de Janeiro foi tão brilhante, que Leopoldina não poderia ter desejado mais. Finda a cerimônia nupcial, na capela do paço, fez-lhe o bispo a entrega de um pequeno estojo, com o brasão do papa, artisticamente lavrado. O estojo continha um rosário de grande valor, presente do Papa Pio VII. Depois de casados, dona Leopoldina ao lado de dom Pedro seguiram numa carruagem puxada por seis cavalos brancos ornamentados com plumas de avestruz, em direção ao Palácio da Quinta da Boa Vista.

E assim começou a curta e agitada vida da princesa austríaca Maria Leopoldina...

Segunda Parte

Quando Leopoldina, mais tarde, lembrava-se do seu casamento, desaparecia quase sempre o pomposo quadro das pessoas ricamente adornadas, e ela ouvia tão-somente as lindas melodias do órgão que acompanhava a cerimônia nupcial, o qual deu a esse ato, de certa maneira, um ar solene. Perguntando Leopoldina o nome do organista, respondeu-lhe dom João chamar-se Marcos Portugal, e ter feito os seus estudos na Itália. Ao comentário de dona Leopoldina de estar surpresa de encontrar aqui um artista de tão grande valor, dom João sorriu satisfeito, observando que muitas e outras agradáveis surpresas haveria ela de ter no Brasil. E ele teve razão.

Nos nove anos de vida no Brasil, Leopoldina teve muitas surpresas, tanto agradáveis como desagradáveis, que delas poderiam entreterecer-se três vidas distintas, todas três ricas de experiências e acontecimentos. Mas não foi tão-somente a ela que aconteceu isso. Todas as pessoas que, de algum modo, naquela época, estavam ligadas aos destinos do Brasil, a fim de poder cumprir uma missão na época da vinda do Filho do Homem, tiveram uma vida cheia de vivências.

Mal haviam Leopoldina e dom Pedro iniciado a sua vida em comum, e já surgiam, para provocar toda uma série de complicações, as pessoas que, como eles, tinham missão a cumprir na Terra. A diferença, porém, era que a tarefa desses perturbadores não lhes fora conferida pela Luz, mas sim pelas trevas. Seus mestres eram os espíritos caídos que desde há muito dirigiam poderosamente todas aquelas pessoas que em algum tempo se entregaram indolentemente às influências das trevas.

Onde quer que, num dado ponto do globo, surgisse um grupo humano para cumprir uma missão segundo a vontade de Deus, desde logo, também, surgiam os bem adestrados emissários de Lúcifer, a fim de perturbar a realização da obra. Também eles foram encarnados em tempo, a fim de retardar ou tornar impossível o cumprimento da vontade de Deus. A presença desses inimigos da Luz na Terra não seria em si tão trágica, se muitas das pessoas ligadas à Luz não se entregassem, elas mesmas, à sedutora influência desses inimigos de Deus, encarnados na Terra, tornando assim extremamente difícil às pessoas de boa vontade o cumprimento da sua missão.

Apesar das muitas contrariedades que Leopoldina teve de suportar por parte de Carlota Joaquina e da sua camarilha, o primeiro ano de casada com dom

Pedro foi um ano feliz. Todas as boas qualidades que Pedro trazia em si, logo se manifestaram, de sorte que Leopoldina pôde perceber claramente quão grandes coisas estava ele habilitado a realizar. Verificou, com satisfação, logo depois de casada, que dom Pedro não só acreditava na predição de sonhos, como em mil outros misteriosos eventos que os índios, tratadores dos seus cavalos, lhe contavam. Ele mesmo, além do que via em sonhos, percebia certas coisas que tinham conexão com um mundo extraterrenal, mas pedia encarecidamente a Leopoldina que não transmitisse esse fato a ninguém, uma vez que os seus inimigos estavam sempre à espreita do primeiro pretexto para levantar a sua incompatibilidade de acesso ao trono.

Leopoldina, naturalmente, calou-se; ela também guardou silêncio sobre as próprias vivências espirituais. Dom Pedro pensava sempre que ela era muito devota, nada sabendo, além disso, sobre a sua vida interior. Só muito mais tarde é que Leopoldina veio a entender claramente o motivo por que jamais poderia fazer alusão a visões que recebia, suposto que os seus incansáveis adversários teriam com isso mais uma arma nas mãos para combatê-la, como desejavam.

Poucos meses depois do casamento do seu filho dom Pedro, dom João e sua filha, dona Maria Teresa, transferiram residência para a Quinta da Boa Vista.

Carlota, porém, com o seu idolatrado filho Miguel e as suas filhas, ficaram no paço da cidade. Havia, por conseguinte, duas cortes no Rio. Não tardou, e dom João percebeu que tinha na pessoa da sua nora uma boa auxiliar. Logo, também, fez com que todas as representações diplomáticas e artísticas, e os assuntos dos diversos grupos de imigração passassem também para as mãos dela. Os ministros, encarregados de resolver os negócios relacionados à imigração, eram velhos cansados como ele próprio. E desde que não pertencessem ao grupo adversário, isto é, à facção de Carlota Joaquina, rejubilar-se-iam ao encontrar, na jovem Leopoldina, alguém que pudesse assumir essa desagradável incumbência.

E que trabalho estafante! Com os imigrantes europeus Leopoldina no decorrer dos anos só teve aborrecimentos e sofrimentos. Havia, naturalmente, entre eles pessoas agradecidas; muitos, porém, dos imigrantes, vinham na doce ilusão de não precisar trabalhar aqui no Brasil. Achavam mesmo injusto ter de fazer força para ganhar o pão na sua nova pátria, pelo menos nos primeiros tempos. Como toda pessoa ingrata, só viam os defeitos da terra e dos seus semelhantes, esquecidos por completo de que na Europa haviam passado duros períodos de fome, e que na sua própria terra viviam também a maldizer do governo e de toda a gente, como agora o faziam no país que lhes oferecia acolhimento e vida.

Grande alegria teve Leopoldina com a vinda dos artistas franceses que dom João havia chamado para o Brasil, no objetivo de fundarem aqui a Escola de Ciências, Artes e Ofícios. Nos primeiros tempos dom João e dom Pedro estavam sempre presentes quando os artistas Pradier, Taunay, Debret, Nicola e outros vinham ao palácio tratar das suas tarefas, apresentar propostas e sugestões. Frequentemente, porém, acontecia de dom João se sentir adoentado, a ponto de não mais suportar reuniões muito demoradas: comia cada vez mais e engordava a olhos vistos.

Dom Pedro, por sua vez, dava a entender claramente que as conversas sobre arte o entediavam, tanto mais que não conseguia acompanhar o francês falado rapidamente. Assim aconteceu de Leopoldina ficar logo conhecendo pessoalmente muitas personalidades, aumentando dia a dia as suas responsabilidades.

Desde o começo teve, assim, de assumir uma posição excepcional, dado que na época não era costume mulheres tratarem o que quer que fosse com homens. Pelo menos no Brasil e em Portugal. E se acontecia de Carlota Joaquina tecer comentários deprimentes sobre isso, dom João desde logo a repelia alegando que Leopoldina fora educada na corte da Áustria e que sempre, acompanhando o pai, comparecia a todas as recepções e atividades oficiais do paço.

Leopoldina sentia-se feliz e agradecida em poder tomar parte ativa na vida da nação. Além disso, percebia que dom João andava cansado de ser rei. Quando, uma vez, lhe perguntou qual o seu ato de Estado que considerava mais importante, dom João respondeu prontamente que fora a fundação da Biblioteca Nacional. A sua biblioteca particular, com todos os livros e escritos, era digna de ser vista, e quando dom João se encontrava ali, no meio dos livros, tinha-se de reconhecer que nele predominava mais um erudito do que um monarca. Fora também o próprio dom João que expôs a Leopoldina a delicada situação do país.

— Os nascidos aqui, disse, querem a sua independência de Portugal, invocam os mesmos direitos que têm outros povos livres. Frequentemente surgem atritos entre portugueses e brasileiros. Os portugueses se sentem senhores da terra e não perdem oportunidade de fazer sentir isso por todos os meios possíveis aos naturais daqui.

Dessas observações de dom João e de algumas outras de dom Pedro, Leopoldina via que faltava apenas um impulso vindo de fora para tornar realidade esse anseio de emancipação. Leopoldina conversou com dom Pedro várias vezes sobre o problema. Dom Pedro dava-lhe inteira razão, cônscio que estava de que todos os povos têm o direito à sua autodestinação, contudo, no caso especial do Brasil, dizia, o único que tinha a palavra de ordem era o seu pai.

Nesse meio tempo, Leopoldina já travara conhecimento com todas as senhoras representativas do país. Vinham a passeio à Quinta da Boa Vista, acompanhadas dos filhos e das respectivas pajens e comumente passavam ali o dia. Assim, aconteceu de essas visitantes femininas ficarem logo a par de que a princesa imperial austríaca via o movimento de emancipação dos brasileiros como coisa natural e justa. Por incrível que pudesse parecer, algo havia de verdade nisso, do contrário que razão a princesa teria para mostrar-se tão abertamente a favor do movimento de Independência?

Leopoldina deu à luz, sem o menor embaraço, a sua primogênita, Maria da Glória. Sentiu-se entristecida ao saber que era menina e não menino. Dom Pedro, porém, objetou que ele gostava mais de meninas e ainda lhes restava muito tempo para ter um herdeiro ao trono.

Meses depois, estando já grávida do segundo filho, Leopoldina foi vítima do primeiro atentado contra a sua vida. José Presas, da comitiva de Carlota, descobrira um indivíduo disposto a misturar veneno no refresco costumeiro da princesa. Leopoldina conseguiu escapar com vida, mas a criança que trazia no ventre, pereceu. Os médicos chegaram à conclusão de que fora efeito do veneno. O capelão da corte batizou a criança morta, dando-lhe o nome de Miguel.

Leopoldina, recolhida ao leito, chorava:

"Por que razão haveria este menino de nascer morto? Qual o motivo da camarilha de Carlota Joaquina odiá-la tanto, a ponto de envená-la? Não bastava, então, que Carlota e os seus adeptos fizessem espalhar pelas paredes do Rio de Janeiro desenhos feios e escritos injuriosos contra a sua reputação, divulgados a torto e a direito?"

Nesses desenhos Leopoldina era representada de olhos esbugalhados, o rosto inchado como uma bola, trazendo, além de outros dizeres, que o povo devia expulsar a "estrangeira" do país. Em outros cartazes Leopoldina era representada saindo do mato, em companhia de vários homens, com este comentário: "A princesa real se diverte", ou então, "foi se divertir na escuridão"…

Desenhos e escritos desse tipo apareciam comumente, de manhã, colados em árvores, cercas e casas. Nem dom João nem dom Pedro tinham como coibir tais abusos. Bem sabiam eles de onde provinha tamanha imundície, mas por isso mesmo eram forçados a calar. Dom Pedro tinha acessos de ira tão violentos, que lembravam a Leopoldina os ataques epiléticos do seu irmão, em Viena.

Além disso, dom Pedro vinha se transformando de um modo impressionante. Saía frequentemente a cavalo, em companhia de amigos, e ficava dias e noites fora de casa. Retornando à Quinta da Boa Vista, vinha oprimido, pálido e de mau humor. Percebia Leopoldina que, ao voltar nesse estado, sentia vergonha de encontrar-se com ela. De outras vezes chegava de madrugada, bêbado, com os seus assim chamados amigos, promovendo enorme algazarra no parque do palácio. Nessas ocasiões, ele e o bando de bêbados que vinha em sua companhia dirigiam-se para as estrebarias, onde dom Pedro ia procurar acomodação numa rede qualquer dos tratadores de cavalos, para só reaparecer à tarde.

Leopoldina ficava desesperada com isso. Quando o dr. Bernardino percebeu que a princesa em vão procurava a causa daquela triste derrocada de dom Pedro, resolveu contar-lhe a verdade do que se passava. Assim, Leopoldina veio a saber que dom Pedro mal havia saído da infância e já fora arrastado para a senda dos vícios. Mas só com isso os "dedicados" amigos e amigas do príncipe não se davam por satisfeitos. Não só o desviavam para os caminhos tortuosos da vida, como lutavam para mantê-lo assim, insuflando que só seria verdadeiro homem, continuando assim, se vivesse rodeado de meretrizes...

Dona Leopoldina ficou estarrecida com o depoimento do médico. Criança ainda? Mas quem, porventura, teria tido a coragem de corromper uma criança? E, por que isso? Por quê?

— Dom Pedro é um príncipe real, comentou o dr. Bernardino, e teve, em criança ainda, dinheiro demais nas mãos...

Conquanto Leopoldina não pudesse fazer ideia perfeita dos ditos vícios, percebeu, contudo, claramente que dom Pedro caminhava para a sua destruição certa. Não podia compreender que tendo dom Pedro, como acontecia com ela, recebido de Deus uma missão a cumprir, não houvesse contado com melhor proteção na infância. E, mesmo agora, sabendo, como sabia, que futuramente teria sério papel a desempenhar como rei, não procurava, contudo, combater os seus vícios?

"É um fracalhão que ama muito mais a si do que a Deus!" Assustada, Leopoldina olhou em volta de si, não vendo quem poderia ter proferido essa frase. Ninguém se achava ali. Parecia que a voz tinha saído de dentro dela mesmo, e tinha toda a razão. Só mesmo um fracalhão não é capaz de dominar as suas más tendências e os seus erros. Porém, não. Não era assim que ela devia pensar. Devia lutar firmemente e ajudá-lo a vencer, devendo mesmo suplicar ao espírito branco, que sempre a assistia, que viesse em seu auxílio. E o auxílio veio, de fato, inesperadamente.

Um belo dia apareceu o encarregado de negócios da Áustria, o barão de Bieberstein, entregando a dona Leopoldina duas cartas. Numa delas ela reconheceu logo o sinete do seu estimadíssimo tio Carlos. Este lhe comunicava que o partido dos duques e dos príncipes da Áustria exigiam a sua volta para lá. Assumiria imediatamente a regência do trono, e teria assegurada a coroa imperial. A posição de Metternich se tornava dia a dia mais difícil, dada a suspeita geral de que ela também era uma das vítimas da sua desastrosa política. Na Áustria estavam a par de tudo o que acontecia no Brasil. Até do atentado contra a sua vida já se sabia. "Não hesites um momento sequer mais, minha filha…"

Leopoldina não pôde continuar a leitura, as lágrimas turvavam os seus olhos. O barão de Bieberstein ficou também com os olhos marejados de lágrimas. Conhecia Leopoldina desde o tempo em que era secretário da chancelaria da corte, em Viena. Finalmente, conseguindo dominar a emoção, Leopoldina dispôs-se a ler a segunda carta, que era muito breve. Nela o cardeal Consalvi enviava bênçãos à sua filha em Cristo e comunicava que o Santo Padre, tão logo ela retornasse à Áustria, anularia o seu casamento com dom Pedro de Bragança. "A Áustria espera pela volta da sua querida filha", assim terminava a carta.

Quando o dr. Mello Franco, alarmado por uma das camareiras, entrou no salão de recepções, deparou com dona Leopoldina de joelhos, chorando amargamente. Com olhar reprovador o médico encarou o barão, como que inquirindo se o mesmo não percebia que dona Leopoldina se achava em adiantado estado de gravidez. Assustado, o barão ajudou o médico a levantar dona Leopoldina daquela posição.

Nesse momento dom Pedro entrou também no salão, olhando espantado para os três.

Num gesto resoluto ergueu dona Leopoldina e conduziu-a aos seus aposentos. Somente depois de ela estar deitada na cama, ele notou que Leopoldina segurava firmemente duas cartas. O que poderiam afinal conter essas duas cartas, que assim tivessem dado motivo a esse desesperado pranto? Só muito a contragosto Leopoldina largou as duas cartas. Dom Pedro, tendo terminado a leitura, deixou-se ficar demoradamente em silêncio, à beira da cama de Leopoldina. Depois começou a falar mais para si do que para ela ouvir:

— Eu sinto, ou melhor, tenho a certeza de que estão procurando me aniquilar! Afinal de contas por que motivo? Tão-só para colocar Miguel em meu lugar? Não, não é possível; algo mais deve existir atrás disso tudo. Num repente, dom Pedro se pôs de pé, começando a falar em altas vozes, quase aos gritos, que os conluiados em derrubá-lo procuravam arrancar a própria princesa da sua companhia, a única pessoa que desinteressadamente lhe era fiel. Isto dizendo, dom Pedro começou a andar agitadamente de um lado para o outro no aposento, recriminando-se com as mais ásperas palavras. Leopoldina, porém, não ouvira nada disso, pois havia perdido os sentidos.

Leopoldina, é claro, não atendeu ao chamado do tio. Ao reler as últimas linhas da missiva em que lhe pedia que desse sem mais demora a Bieberstein ordens no tocante à sua partida, sentiu nitidamente, mais do que nunca, que de modo algum deveria abandonar o Brasil. Havia sido enviada para esse país e com os destinos desse país estava ligada. Como então agir agora contra o mesmo? Proceder dessa maneira seria uma traição em relação ao país.

Um mês depois Leopoldina dava à luz outra criança. Era menino e recebeu na pia batismal o nome de João Carlos. Pouco tempo depois um novo atentado foi executado contra ela e contra o recém-nascido. Isso aconteceu durante a noite, quando, despertada por um ruído estranho, ao abrir os olhos deparou ali, em pleno quarto, com um negro medonho, de orelhas grandes. Percebeu que estava se orientando a quem primeiro atacar, se a ela, se à criança.

De repente, sob a luz fraca da lamparina, viu que o preto segurava um punhal, um punhal comprido que erguia, à medida que se aproximava do leito do menino. Ao ver que o filho corria risco de morte, Leopoldina recuperou a voz e gritou desesperadamente. Aos seus gritos, Cuca, robusto cão dinamarquês, desandou a latir furiosamente e veio desabaladamente para o palácio. Mal havia o oficial encarregado da guarda aberto a porta do aposento de dona Leopoldina, já o cão se precipitara quarto adentro e no mesmo instante o negro jazia por terra.

Decorrido um mês, estando Leopoldina de novo restabelecida da febre que a assaltara em consequência daquela noite de horror, ficou sabendo que o negro, na mesma manhã, depois do atentado, fora enforcado. Como mandatária do crime foi apontada uma dama da corte de Carlota Joaquina. Referida dama era tida na conta de amante de José Presas.

Depois de tudo passado, Leopoldina tremia ao pensar no que teria acontecido naquela noite, se não tivesse por acaso levado a criança para dormir com ela, no mesmo quarto... Do tempo da sua enfermidade só se lembrava agora que sentira um desejo imenso de morrer. Sentia-se cansada, um cansaço mortal. E para que continuar a viver?

Por duas vezes tinham tentado assassiná-la, haveria acaso alguma justificativa mais para que continuasse lutando? Percebia que aos poucos ia se desprendendo do corpo terreno e deslocando-se lentamente para algum lugar. Não sentia mais dores, nem sofrimentos. Nem sabia mais quanto tempo estava flutuando dessa maneira, quando o esquisito som de um sino a obrigou a voltar. Esse sino! Já uma vez, há quanto tempo, não tinha ela ouvido esse som? Leopoldina lutava contra esse som despertador. Não desejava ser de novo chamada para a vida...

Quando, ainda meio insegura, assim pensava, soou um bramido troante nos ouvidos, e ela viu como uma multidão de pessoas, gritando e vociferando, se arrastava através de uma planície desolada e poeirenta. Algumas dessas pessoas empunhavam grandes torrões e paus, prestes a atirar e a ferir. Era horrível o aspecto dessa multidão enfurecida. Leopoldina queria fechar os olhos. Esse quadro de degradação humana era horroroso.

Repentinamente, porém, desfez-se essa multidão vociferante e um silêncio envolveu tudo. Um vulto luminoso esboçou-se, vulto que parecia ser a figura de um homem com a cabeça coroada de espinhos. Curvado, esse homem se arrastava ao peso de uma cruz. Era Jesus: Leopoldina assustou-se, ao passo que um véu nebuloso envolvia o tétrico quadro. Somente se ouvia uma voz que parecia vir de longe:

"Os servos de Lúcifer, com o assassínio do Filho de Deus, deram começo à sua luta final contra a Luz! Essa luta só terá fim quando a espada de Deus, o Juiz e Salvador, vier ao mundo como ser humano!

Lúcifer, na sua desmedida presunção, exigiu para si a posse da Terra inteira. Pelo assassínio do Filho de Deus, pretendeu provar que seu é o poder sobre toda a Terra e que a sua exigência tinha razão de ser. Contrários aos planos de Lúcifer e de seus servidores são, porém, todos os seres humanos que se acham ligados à força da Luz e que colaboram para a sua ancoragem na Terra. Portanto, continua e não percas o ânimo. Breve o Salvador virá!"

"Continua e não percas o ânimo!" Essas palavras foram como que um bálsamo sobre as suas feridas. Lágrimas ardentes corriam pelas faces de Leopoldina. Havia se mostrado desanimada e vacilante, no entanto outrora pronunciara com grandes palavras, um juramento...

"Perdoa-me, Senhor! Nunca mais os meus insignificantes padecimentos humanos me farão fraquejar. A Ti, Senhor, sempre e eternamente hei de servir..."

Ao erguer novamente os olhos, Leopoldina divisou, como que através de um véu, três rostos que pairavam sobre ela e pareciam observá-la atentamente. Aos poucos foi reconhecendo as fisionomias. Eram o dr. Mello Franco, dr. Bernardino e o naturalista alemão, dr. Martius. Procurou erguer-se, mas sentiu receio: seria acaso tarde demais? Não havia correspondido ao esforço curativo dos médicos, porquanto era do seu propósito desprender-se da vida... Porém, não! Era preciso que vivesse, do contrário como haveria de ajudar a ancoragem da Luz? E não parecia, também, que o dr. Bernardino olhava reprovadoramente para ela?

Depois de passar por essa enfermidade, Leopoldina sentia-se como que nascida de novo. Desaparecera por completo toda a sua insegurança. E era bom que assim fosse, porquanto os acontecimentos políticos traziam dia a dia maiores aborrecimentos, exigindo dela e de dom Pedro a mais perfeita vigilância. Com grande satisfação Leopoldina verificou que dom Pedro em todos os momentos críticos dava-lhe ouvidos e seguia os seus conselhos.

Nesse ínterim, Leopoldina também ficara conhecendo o homem que mais tarde haveria de figurar na História do Brasil como o *Patriarca da Independência*: José Bonifácio de Andrada e Silva. Um belo dia apareceu ele na Quinta da Boa Vista acompanhado de seu amigo Guilherme von Eschwege e do seu irmão Martim Francisco, a fim de cumprimentarem os príncipes. Dom Pedro ficou satisfeitíssimo com a visita, tanto mais que José Bonifácio já se tornara nome famoso na Europa inteira pelos seus trabalhos científicos, escritos em alemão.

Dona Leopoldina, ao ser saudada por José Bonifácio, viu brilhar sobre a cabeça dele uma grande estrela azul. Via-se também sobre as cabeças dos outros dois uma estrela igual. Pessoas com estrelas azuis só podem ser gente boa... Leopoldina, contudo, não podia no momento dar maior atenção a esse fato, preocupada que estava em acompanhar a conversação dos homens, porquanto José Bonifácio acabava de dizer que o seu irmão, Antônio Carlos, se achava preso em Pernambuco, por motivos políticos. A fisionomia de dom Pedro se contraiu. Disse que, a seu modo de ver, para um rebelde como Antônio Carlos, irmão de José Bonifácio, a prisão era ainda o lugar melhor e mais seguro.

José Bonifácio sacudiu a cabeça em desaprovação a dom Pedro, contestando que, na sua opinião, era coisa perigosa para um Estado meter os seus patriotas na cadeia. Exaltado, dom Pedro retrucou que as atitudes dos chamados patriotas se chocavam com a vontade do soberano, o seu augusto pai.

— Mas, continuou José Bonifácio, foi o próprio pai de Vossa Alteza quem abriu as portas que poderão conduzir o Brasil para o progresso e para a liberdade.

Aborrecido, dom Pedro olhou para Leopoldina, e esta percebeu logo que ele aguardava da parte dela a palavra salvadora que viesse pôr fim à desagradável conversa. Diante disso, perguntou ela delicadamente, em alemão, a José Bonifácio, que é que ele agora pretendia fazer, de volta ao Brasil. A esta pergunta, José Bonifácio encarou-a por alguns instantes, talvez não sabendo de pronto o que deveria responder, porém disse que depois de prolongada ausência, retornava à pátria para cumprir uma missão, e que essa missão não era outra senão a libertação do Brasil, sem derramamento de sangue.

Dona Leopoldina ficou perplexa. Esse foi o sinal para o começo. De repente ela sabia que tinha esperado todo o tempo por algo, e agora essa espera tinha terminado. José Bonifácio e todos os que estavam a seu lado certamente haveriam de colaborar com ela e com dom Pedro na obtenção da liberdade tão desejada para o país. E dom Pedro? Também ele não poderia agir de modo diferente, pois a sua missão era a mesma que a dela.

Quando Leopoldina viu que os visitantes aguardavam uma resposta, sem mais demora disse que outro não era o ideal de dom Pedro e dela também, senão a grandeza e a liberdade do Brasil. A estas palavras José Bonifácio curvou-se respeitosamente, e sorridente agradeceu essa demonstração de benevolência da parte da princesa real, porquanto não eram palavras vazias.

Ao dizer essas palavras, encarou-a e sentiu como se a conhecesse de longo tempo.

Dom Pedro já estava impaciente, pois entendia muito mal o alemão; por isso dona Leopoldina levantou-se, dizendo ao despedir-se que esperava de todos uma estreita colaboração para o bem do povo. Dom Pedro também se despediu com palavras amáveis. Depois das visitas terem saído, dom Pedro comentou que os Andradas não passavam de meros revolucionários, não sendo certo que ela apoiasse esse tipo de pessoas. Enfim, como José Bonifácio ia permanecer em São Paulo, não seria danoso no Rio de Janeiro. Com essas palavras, dom Pedro deu por encerrado o caso.

A situação política em Portugal se tornava dia a dia mais trágica. O general inglês Beresford, que dominava Portugal, havia chegado ao Rio e apresentado exigências descabidas a dom João. Mas teve de retornar a Portugal, furioso, sem nada ter conseguido. Nem bem havia chegado lá, rompia uma revolução no Porto e ao mesmo tempo formavam-se aqui no Brasil, sem restrições, partidos de libertação. Por toda a parte faziam-se discursos, e em duas lojas maçônicas do Rio discutiam-se abertamente as medidas necessárias em prol da Independência.

Gonçalves Ledo e José Bonifácio eram mestres graduados nessas lojas. Ambos trabalhavam, por enquanto, em estreita colaboração. Os dois jornais publicados no Rio exigiam também, em longos editoriais, a libertação do domínio inglês, pois o que era agora Portugal, senão uma colônia da Inglaterra?

A máquina tinha sido, portanto, posta em movimento. Dom João e os seus velhos ministros não estavam à altura de enfrentar a intrincada situação. Num dia expediam-se decretos que logo no dia seguinte eram declarados sem efeito. Além disso, de repente exigia-se em Portugal o retorno da família real, a toda pressa.

Dom João desejava que dom Pedro e dona Leopoldina regressassem com ele, mas os dois se opuseram terminantemente à ideia. Depois de muito meditar, dom João tomou a resolução de voltar, deixando dom Pedro e dona Leopoldina como seus representantes no Brasil. Dom Pedro, nessa ocasião, desenvolvia uma grande atividade. Onde quer que surgissem conflitos entre brasileiros e portugueses, a sua simples presença dirimia questões.

A despeito de tudo isso a monarquia oscilava. O advogado Macamboa, em nome do povo, exigia a deposição dos velhos ministros, ameaçando com uma revolução sangrenta. Finalmente, depois de rumorosas e agitadas reuniões, deliberou dom João, em definitivo, o regresso da família real, ordenando que fossem tomadas imediatamente todas as providências.

O decreto respectivo, ou melhor, uma proclamação dirigida ao povo, tornava público que dom João retornava a Portugal, deixando o seu bem-amado filho como representante no Brasil. Nesse momento o povo começou a sentir receio diante dos acontecimentos, exigindo que dom João permanecesse no país. Pois, que esperanças poderia depositar em dom Pedro? O povo, sim, o povo ficaria sempre e cada vez mais entregue a si mesmo, desde o momento em que o alcoviteiro Chalaça acenasse com novas meretrizes...

De repente operou-se uma transformação radical: ninguém mais falou em dom João ficar no Brasil. José Bonifácio com os dois irmãos e um grupo de amigos seus, aparecendo subitamente no Rio de Janeiro, procuravam de todo o modo acalmar o povo. Corria o boato de que dom Pedro e dona Leopoldina haviam se manifestado francamente a favor da Independência do Brasil. Um apoio inesperado surgiu da parte do clero. Verdade é que o clero não suportava dom Pedro, devido aos aborrecimentos que havia causado publicamente à Igreja, em estado de embriaguez. Desconfiavam dele e também das suas mostras de arrependimento; entretanto, parecia que dona Leopoldina o amava e além de tudo era ela que apoiava a Independência. E quantas vezes clérigos brasileiros não se viram obrigados a suportar calados a arrogância de padres portugueses? Diante de tudo isso, muitos padres, nas igrejas, começavam a fazer sermões bem mundanos, aos domingos.

E o dia chegou. Foi a 26 de abril de 1821 por ocasião do embarque de dom João e família. Uma grande multidão se acotovelava no cais, porém não se ouvia um pio de regozijo ou de reprovação. O povo se sentia desgostoso de dom João ter de voltar para Portugal; por outro lado havia ele prestado tantos benefícios ao Brasil, que ninguém tinha coragem de recriminá-lo pela situação. Mantinha-se, portanto, em rigoroso silêncio, à medida que as embarcações iam deixando o porto. Quatro mil pessoas retornavam com dom João para Portugal. Carlota Joaquina exultava! E tudo quanto havia de ouro, de joias, de preciosidades atulhava o bojo dos navios reais. Além disso ela pretendia, em Portugal, bater-se pelos direitos de dom Miguel pela posse do trono.

Leopoldina também triunfava de certa maneira. Estava finalmente livre dos ataques de Carlota Joaquina e da sua camarilha.

A situação para ela e dom Pedro, no entanto, era agora, materialmente falando, péssima. Não havia dinheiro, nem ouro. Depois de muito conversarem resolveram ambos desfazer-se dos cavalos de estimação. Eram animais magníficos, criados na fazenda Santa Cruz. Foram dias de tristeza, os da saída dos cavalos. Mais de mil animais, cada um mais bonito que o outro, foram vendidos. Porém, não havia tempo para tristezas. Mal havia dom João partido, e já dom Pedro percebia não existir mais nenhuma saída para o Brasil, senão torná-lo independente de Portugal.

Por insistência de dona Leopoldina, chamou José Bonifácio para ser ministro e ambos, dom Pedro e José Bonifácio, expediam decretos que despertavam a mais violenta repulsa em Portugal.

José Bonifácio agora constantemente surgia no palácio. E toda vez que ali chegava, vinha acompanhado de um novo amigo, ou simplesmente de um novo colaborador ou de um novo batalhador pela liberdade, como José Bonifácio, sorridente, costumava dizer. E acontecia cada vez mais frequentemente que dona Leopoldina tinha de receber sozinha essas visitas. Dom Pedro andava de tal modo assoberbado com negócios de governo, que a maior parte do tempo estava fora, viajando, pois era preciso estabelecer contato com todas as povoações maiores.

Durante esse tempo o Chalaça havia transferido as suas atividades para São Paulo. Leopoldina havia esperado que ele fosse para Portugal com dona Carlota, mas essa esperança se dissipou inteiramente. Os seus dias, porém, eram tão cheios de trabalho, que nem sequer tinha tempo de pensar no Chalaça. Além disso, havia dado à luz uma outra criança: uma menina. Conquanto adorasse os seus filhos, escasso era o tempo que podia dedicar a eles. Levantava-se todas as manhãs uma hora mais cedo para que ao menos uma vez ao dia pudesse dar de mamar à recém-nascida. Muitas vezes ficava desesperada com as contínuas gravidezes, mas os filhos eram tão bonitos e sadios, que para ela constituíam uma fonte de alegria.

No palácio muita coisa havia mudado. Velhos oficiais da guarda foram substituídos, uma parte dos serviçais foi dispensada, novos funcionários passaram a trabalhar e novas damas de companhia vieram para Leopoldina. Até as crianças receberam pajens e governantas novas.

Um dia, com horror, dona Leopoldina percebeu que a governanta da princesinha dona Maria da Glória era uma espiã de Carlota Joaquina. Essa governanta, porém, havia demonstrado sempre tamanho carinho para com a menina, que dona Leopoldina só veio a saber do fato através da atenção vigilante do seu ordenança. Os oficiais da guarda do paço tinham sido escolhidos a dedo por José Bonifácio. Dentre esses havia parentes seus e dos seus amigos. Sabia dos atentados contra a vida da princesa e não queria de modo algum que tivesse de enfrentar novos dissabores. Nem dom Pedro, nem dona Leopoldina, porém, sabiam coisa alguma das medidas de segurança que José Bonifácio vinha tomando para a proteção de ambos.

Um novo sofrimento, contudo, veio atingir dona Leopoldina. Irrompera no Rio uma epidemia de tifo exantemático e muitas crianças sucumbiam ao mal. Seu filho João Carlos foi afetado e não houve como salvá-lo da morte apesar de todos os cuidados dispensados no tratamento. Morreu nos braços da mãe. A princípio, Leopoldina ficou tomada de uma dor muda, mas à noite, quando montava guarda ao esquife enxergou, de pé, junto ao pequeno corpo da criança, a figura de um jovem que sorria para ela feliz. Sua mão repousava sobre o menino morto, dando a entender a Leopoldina que ele e a criança eram uma e a mesma pessoa. O traje desse estranho e belo jovem era de ouro refulgente e com o mesmo fulgor brilhava o diadema de ouro que lhe cingia a testa, prendendo para trás os cabelos pretos.

Essa figura fez lembrar Leopoldina do espírito branco e ao mesmo tempo da sua mãe, que aparecera para mostrar-lhe que não existia a morte.

Consolada, dona Leopoldina, que estava ajoelhada, levantou-se. Como podia revoltar-se contra a morte da criança, se na realidade não estava morta. Não obstante esse saber, a dor perdurou durante muito tempo nela, como uma ferida aberta. Sabia que a vida seria muito mais alegre se ainda tivesse a seu lado a presença do menino. Mas Leopoldina tratava logo de repelir tais pensamentos. Não estava no mundo para ter alegrias, mas sim para servir a Deus.

Durante os angustiosos dias da enfermidade de João Carlos, aportara no Rio um brigue procedente de Lisboa, trazendo novos decretos, novas exigências para dom Pedro, obrigando-o a organizar um governo provisório e partir imediatamente com a família para Portugal.

Dom Pedro ficou furioso com o tom da missiva e ao mesmo tempo não sabia o que devia fazer. Dois dos seus ministros, o conde de Arcos e o conde de Louzã, procuravam influenciá-lo, cada qual a seu modo. O conde de Arcos era partidário do movimento libertador, ao passo que o de Louzã pertencia à facção portuguesa. Um queria que ele ficasse, o outro que partisse.

Logo depois da morte do menino, conversando sobre a situação com dona Leopoldina, esta declarou que de modo nenhum sairia do Brasil. Mas se a despeito de tudo lhe fosse dado ainda manifestar o seu desejo, iria para a Áustria; nunca, porém, para Portugal. Dom Pedro concordou. Achava, no entanto, uma espécie de traição não atender o chamado do pai.

— Esse chamado para voltares a Portugal, não vem do teu pai, disse dona Leopoldina. Teu pai gostava do Brasil…

Como José Bonifácio estivesse no palácio, dona Leopoldina sugeriu a dom Pedro que fosse ouvir a opinião desse estadista, tão sábio como experiente. Dom Pedro foi, efetivamente, conversar com José Bonifácio, porém não lhe pediu a opinião sobre o caso; comunicou-lhe, sim, desde logo, que estava resolvido a ficar no país. Respondeu-lhe José Bonifácio que outra coisa não esperava da parte dele. Contou-lhe então o que José Clemente Pereira havia declarado no senado: que o Brasil imediatamente se separaria de Portugal e proclamaria a República, se dom Pedro saísse do país.

Poucos meses depois, novas notícias chegavam de Portugal, anunciando a dom Pedro que tinham sido eleitos novos ministros para o Brasil, que em breve uma nova Constituição seria promulgada, e que ele, dom Pedro, tinha de submeter-se inteiramente às imposições da mesma, se não quisesse perder as suas prerrogativas de príncipe real. Mais ainda: declaravam que todos os decretos expedidos por dom Pedro nos últimos meses tinham sido revogados.

O portador dessa mensagem contou, embora confidencialmente, ao ministro Louzã, que Carlota estava mandando rezar missas em Portugal, no sentido de que dom Pedro se insurgisse contra o novo estado de coisas, caso em que as tropas portuguesas saberiam como manter a ordem no Brasil. Dom Pedro perderia os seus direitos de sucessão ao trono e Miguel viria a ser o autêntico soberano do reino de Portugal-Brasil, talvez também, rei da Espanha.

Sabia ela que dom Pedro não era o responsável pelo que estava acontecendo. Responsável era a princesa de Habsburgo, que o instigara a trair a sua pátria. Louzã transmitiu a mensagem imediatamente a Martim Francisco de Andrada, irmão de José Bonifácio, que riu e usou para dona Carlota uma expressão que seria difícil reproduzirmos aqui.

Leopoldina veio a saber, por intermédio de seu antigo confessor, padre Ambrósio, que Carlota Joaquina conseguira entrar em contato com a mulher do príncipe de Metternich, a quem havia relatado coisas fantásticas contra ela. Escrevia-lhe o referido padre

Ambrósio que de duas uma: ou Carlota Joaquina estava ficando louca, ou era uma mentirosa fria e calculista. Escrevia mais, que o grande Miguel dentro em breve visitaria a Áustria e que em verdade devia ser mesmo um personagem extraordinário, dado que a mãe não recuava diante de nada para defendê-lo.

Infelizmente, porém, a mulher do príncipe de Metternich acreditou nessa intrigante, ou pelo menos fingiu acreditar. Pois o casal Metternich, apesar da negativa de dona Leopoldina em retornar à Áustria, não a tinha em muito boa conta, tendo sido um grande choque para ambos, quando souberam que não só o povo em peso, como também a maior parte da alta nobreza austríaca receberam com delírio de alegria a notícia da volta de dona Leopoldina…

Dona Leopoldina levantou-se e foi à janela, pois já fazia uma ideia do que pudesse ser o resto do conteúdo da carta, não sendo necessário que a sua dama de honra lesse até o fim. Sabia que foi uma decepção para o povo a sua negativa de voltar para lá, e que era voz corrente que ela colocava o seu mesquinho amor pessoal, por um homem como dom Pedro, acima de seu amor filial pela Áustria…

Quanto mais vociferavam em Portugal, mais ardorosamente se inflamava a atividade de todos no Brasil. O partido libertador crescia de momento a momento, de modo que dom Pedro tinha muito o que fazer para aplainar rixas que não poucas vezes terminavam em sangue. Os brasileiros tinham de aguentar muitas coisas dos portugueses.

Dom Pedro havia estado em Minas Gerais, pois lá foi o primeiro lugar em que o povo sofrera pela liberdade. Estava de volta, e São Paulo exigia a sua visita. Já por mais de uma vez dom Pedro tinha recebido convites insistentes dos paulistanos, mas sempre acontecia algo de permeio que impedia a realização do plano. Agora, porém, parecia que o momento oportuno tinha chegado. Além disso, dom Pedro havia recebido, por intermédio de um mensageiro, uma carta do Chalaça, na qual lhe comunicava se achar em São Paulo uma mulher a sua espera, grande admiradora dele como herói da liberdade, a mais bela criatura que ele pudesse imaginar. Queria ela ter a honra de, pelo menos uma vez, ver de perto o seu herói. Não só essa extraordinária Domitila, como todas as senhoras paulistanas haveriam de festejá-lo como um herói.

Embora dom Pedro já tivesse deixado quase que inteiramente a sua vida de libertinagem, gostou da carta do seu amigo Chalaça. Admirou-se, ao mesmo tempo, que não sentia mais entusiasmo, ao ouvir falar nessa "extraordinária Domitila".

"Ou estou ficando velho ou estou salvo. Salvo?" Assustou-se. Salvo da pavorosa cova comum que lhe aparecia em sonhos? Pedro não tinha vontade de partir, porém os mensageiros já se achavam a caminho, a fim de anunciar que em poucos dias estaria em São Paulo.

Mal tinha dom Pedro partido, quando chegou um correio vindo de São Paulo, trazendo carta para José Bonifácio, na qual um amigo lhe comunicava que Francisco Gomes (o Chalaça), no recinto de uma casa suspeita, havia feito um discurso no qual sustentava que dentro de bem curto prazo a silenciosa e inexpressiva Leopoldina deixaria de reinar! Bem logo a bela Domitila governará o coração de dom Pedro e o país inteiro. Dizia mais o amigo de José Bonifácio. Dizia que a tal Domitila era perigosa intrigante, sendo entretanto capaz de conquistar o coração tão facilmente impressionável do príncipe. José Bonifácio leu a missiva e queimou-a logo à chama de uma vela. Haveria de tomar providências.

Como primeira providência chamou quatro rapazes bem treinados, enviando-os ao encalço do príncipe, de intervalo a intervalo, devidamente instruídos. Em São Paulo não deviam perdê-lo de vista e depois, também de intervalo a intervalo, deviam retornar e prestar conta da sua tarefa. José Bonifácio havia instruído cuidadosamente os moços. Podia depositar confiança neles, porquanto faziam parte do grupo dos libertadores.

Mal tinha José Bonifácio tomado as suas providências, quando aportou no Rio novamente um brigue com a notícia de que todos os decretos expedidos por dom Pedro, e por ele mesmo, tinham sido revogados pela Coroa. Comunicavam também que dentro de breve prazo chegariam ao Brasil os novos ministros e demais funcionários, não recuando a Coroa em resistir pelas armas, a fim de manter a ordem, custasse o que custasse.

A mensagem era longa e cheia de ameaças. José Bonifácio enrolou os documentos e partiu a cavalo em direção ao palácio, acompanhado do irmão e de alguns amigos. Ia transmitir a notícia a dona Leopoldina. Durante a ausência de dom Pedro, a seu conselho, havia ela ficado com a regência do governo, tendo já exercido essas funções durante os meses em que dom Pedro andou viajando por Minas Gerais.

José Bonifácio sentia grande satisfação em trocar ideias com dona Leopoldina. Não que ele tivesse necessidade da sua orientação, sabendo muito bem o que tinha de fazer. Mesmo porque, todos os seus planos já estavam prontos e definitivamente traçados.

Mas o caso é que conversando com ela, e muitas vezes o assunto não passava de simples palestra sobre coisas da sua família, ocorriam a José Bonifácio ideias que sempre lhe traziam novos pontos de vista. Chegou mesmo a dizer ao irmão Martim Francisco que a princesa, sem que tivesse noção disso, lhe dava inspiração.

Transmitindo a dona Leopoldina as novas determinações cheias de arrogância vindas de Portugal, pediu desde logo a convocação do Conselho de Estado. Era preciso proclamar imediatamente a Independência do Brasil. No Conselho seria redigida uma mensagem para ser enviada a dom Pedro. E assim foi feito.

Nesse memorável Conselho, em que estavam presentes aproximadamente vinte pessoas, foi resolvida a proclamação da Independência. Dona Leopoldina escreveu de próprio punho uma carta a dom Pedro, implorando-lhe que não hesitasse mais. "O bem-estar do país, do povo e dos nossos filhos está em perigo…"

A segunda carta apresentada por José Bonifácio e os demais ministros, era de teor semelhante, reproduzindo porém, na íntegra, o texto do decreto e do manifesto do governo português.

Nem bem concluídas essas mensagens oficiais do Conselho, José Bonifácio encarregou dois correios riograndenses de levar esses documentos a São Paulo, sob recomendação expressa de não perderem um minuto sequer no trajeto, nem que os cavalos caíssem mortos.

Dom Pedro havia chegado em São Paulo no dia 24 de agosto, acompanhado de pequena comitiva. Em fins de agosto um dos quatro rapazes escalados por José Bonifácio já retornava ao Rio, com a notícia de que dom Pedro costumava passar as noites na companhia de uma velha amiga do Chalaça, uma certa Domitila de Castro. Informava também que o príncipe parecia andar doente, passando a dormir durante o dia.

Ao receber esses informes do correio, José Bonifácio imediatamente se dirigiu ao palácio de São Cristóvão, a fim de conversar com dona Leopoldina. Foi uma conversa memorável essa desses dois personagens. Em primeiro lugar José Bonifácio levou ao conhecimento de dona Leopoldina os informes que acabava de receber e, embora percebesse que ela empalidecera ao receber a notícia, declarou-lhe sem hesitar que jamais depositara plena confiança no príncipe.

— E a mesma coisa acontece com os meus colaboradores. Se o príncipe falhar agora, nesta hora importante da vida do Brasil, eu mesmo, com a autorização do Conselho de Estado, proclamarei a Independência e farei aclamá-la nossa imperatriz. Dom Pedro que vá embora, juntar-se aos parentes dele, em Portugal.

Dona Leopoldina quase desmaiou. Declarou, no entanto, com firmeza, que jamais se prestaria ao papel de traidora. Mas José Bonifácio não deu a menor importância ao que ela dizia. Continuou falando, para declarar que na qualidade de ministro de Estado sempre havia acatado rigorosamente as suas ordens e nesse propósito haveria de prosseguir até o fim. Nesse momento, porém, em que os destinos do país estavam numa encruzilhada, eram ela e ele, exclusivamente, os responsáveis pelo bem-estar do país. Tudo o mais, que envolvesse interesse pessoal, era coisa inteiramente secundária.

Ao perceber da parte de dona Leopoldina uma resistência muda ao que ele vinha expondo, disse-lhe então que tinha muito mais respeito por um simples tropeiro, que por um príncipe irresponsável. Dona Leopoldina assustou-se profundamente. Sabia que José Bonifácio iria efetivar as suas ameaças. Como podia falar dessa maneira para ela? De repente sabia o porquê: ele era a única pessoa a quem ela não conseguia iludir. Ele bem sabia que o amor que ela outrora talvez pudesse ter sentido por dom Pedro desaparecera.

Sabia, sim, José Bonifácio, que nem mesmo ela confiava inteiramente no príncipe. Ela precisava agir. Assim, tão logo José Bonifácio se retirou dali, Leopoldina ajoelhou-se no genuflexório e ardentemente suplicou ao espírito branco que fizesse com que os correios expedidos com a mensagem assinada por ela e por José Bonifácio conseguissem encontrar dom Pedro, e que ele se convencesse imediatamente do perigo que todos estavam correndo.

Sua prece foi ouvida, pois os correios conseguiram efetivamente encontrar dom Pedro, quando se achava no alto da colina do Ipiranga, de regresso para o Rio. Leu as duas mensagens e reconheceu, de pronto, que a Independência do Brasil tinha de ser proclamada naquele instante. E foi o que fez. Em meio da comitiva que o acompanhava e de numerosas pessoas que haviam se aglomerado na sua passagem, proclamou a Independência do Brasil. Era o dia 7 de setembro de 1822.

Minutos antes de proclamar a Independência, dom Pedro foi acometido de um repentino estado de fraqueza e sentiu como se não pudesse proferir uma só palavra. Com grande esforço conseguiu superar esse angustioso momento e a sua voz ecoou clara e sonora, ao proferir as palavras:

"Independência ou Morte!"

Enquanto dona Leopoldina, no Rio de Janeiro, orava para que dom Pedro não se deixasse mais arrastar por caminhos tortuosos, e se tornasse um verdadeiro soberano, dom Pedro só pensava na mulher que terrenal e espiritualmente dera o último empurrão para a sua destruição: Domitila de Castro. Foi, no entanto, bom para dona Leopoldina que ainda não soubesse quão nefasta se faria sentir a influência dessa mulher na vida de dom Pedro e dela própria.

Dom Pedro foi delirantemente aclamado em seu regresso ao Rio. O povo se sentia numa atmosfera de indescritível regozijo. No dia 12 de outubro realizou-se a coroação, e longos dias de festa encheram todo o país.

Leopoldina, no entanto, não se sentia feliz. Dom Pedro estava mudado. Ela havia dado à luz outra menina, mas esse nascimento bem pouca alegria lhe trouxe. A menina era fraca e dom Pedro achava que já era tempo de dar um sucessor ao trono. José Bonifácio notou também a mudança operada em dom Pedro, e bem suspeitava de onde provinha. Tanto quanto ouvira falar da tal Domitila, não era como as demais meretrizes que se contentavam em passar a vida atrás das cortinas. Exigiria mais.

Leopoldina começou a perceber que dom Pedro estava ficando insuportavelmente vaidoso. Muitas vezes deixava-se ficar parado diante do espelho grande do salão, contemplando-se contente, dando-se ares de imperador até em relação a ela. Além do mais, até dizia-lhe abertamente que ela jamais havia contribuído para incentivar a sua autoconfiança. Somente agora é que percebia quantos valores trazia dentro de si. Além disso, andava bem prevenido a respeito de tudo, e ela que tomasse cuidado em não conspirar contra ele, junto com os Andradas.

Horrorizada, dona Leopoldina encarava dom Pedro ao vê-lo falar assim. O que poderia, afinal, ter acontecido? Não teve, ele mesmo, provas da lealdade dos Andradas?

Leopoldina ainda não sabia de que modo a nova amante de dom Pedro exercia influência sobre ele. Ainda não sabia que essa mulher despertava e alimentava a desconfiança nele. Bem antes previra José Bonifácio o perigo que essa mulher representava, confiando abertamente a dona Leopoldina os seus receios.

Domitila chegara ao Rio de Janeiro como conselheira do imperador. Foi nomeada dama de honra de dona Leopoldina e tinha livre acesso ao palácio. Quando dom Pedro se achava em casa e Leopoldina procurava, como antigamente, preveni-lo a respeito de qualquer coisa que oferecesse perigo, ele ria com escárnio. Respondia-lhe que afinal era preciso compreender ser ele o imperador e que bem sabia o que tinha de fazer. No mesmo instante, pedia-lhe perdão, dizendo que não sabia o que estava acontecendo, e que tivesse paciência com ele.

Não tardou, porém, e a própria dona Leopoldina teve de reconhecer que não se podia mais ajudar dom Pedro. Domitila, que na qualidade de recém-nomeada marquesa de Santos começava a desenvolver o seu domínio no Rio de Janeiro, ligara-se desde logo ao partido português. Além disso, não descansou enquanto não conseguiu obter uma relação completa de todas as pessoas que estavam em contato com dona Leopoldina. Nem bem de posse desses nomes, procurou logo, de uma ou de outra maneira, atrair para si, através de engodos, a simpatia dessas pessoas.

Quando não o conseguia pelos seus atrativos físicos, lançava mão de seu prestígio político, fazendo ver a todos que dependia dela, exclusivamente, dom Pedro conceder ou não certos cargos de projeção no recém-formado império. E teria mesmo atraído muito mais homens, se não tivesse incorrido no erro de aderir à facção portuguesa. Tanto mais que se vangloriava de manter correspondência com uma dama de honra de Carlota Joaquina. Além de tudo, referia-se com os mais rasgados elogios à pessoa de dom Miguel.

Formou-se, assim, em torno dela um círculo de mulheres e moças cuja maior preocupação era alardear que não precisavam casar para conseguir a companhia de um homem: bastava um leve aceno, e logo os homens casados já enxameavam em torno delas. Dentre essas tais, achava-se também a irmã ou meia-irmã de Domitila. Era moça muito bonita e não tardou que passasse a andar com dom Pedro, traindo a própria Domitila.

Quando Domitila chegou a perceber que muitos dos adeptos da Independência não queriam saber mais dela, chegando mesmo a repeli-la publicamente, então procurou outra saída. Em primeiro lugar os Andradas tinham de desaparecer, pois enquanto eles estivessem no país, não lhe seria possível cogitar da expulsão de dona Leopoldina. E, enquanto dona Leopoldina estivesse presente, os seus desejos não se concretizariam.

Domitila aspirava ser imperatriz do Brasil. Achava que dispunha de muito mais dotes para preencher o lugar dessa estranha austríaca, que parecia viver somente para rezar e para pôr meninas no mundo.

Todas as criaturas espiritualmente sem valor juntavam-se em torno da marquesa. Eram seus adeptos, e, com isso, esperavam finalmente alcançar dignidades, títulos e posições. Bem sabiam por que até agora não tinham chegado a ser alguém: a estrangeira era culpada de tudo.

Conquanto a marquesa não houvesse dito expressamente, tinha-lhes, contudo, dado a entender indiretamente que dona Leopoldina, tão-somente, era a responsável de não terem ainda conquistado posições adequadas. A intriga dos partidários da marquesa chegou a tal ponto, que em uma das lojas maçônicas do Rio de Janeiro exigiam a expulsão de dona Leopoldina do país e a volta do antigo regime português. A conselho do Chalaça, começavam a espalhar, de novo, pela cidade gravuras e panfletos comprometedores, gravuras essas que apareciam coladas pelas paredes e nas árvores do passeio público.

Procuravam por todos os meios destruir a confiança do povo em dona Leopoldina. Muitas vezes acontecia, também, de aparecerem de manhã cartazes com outros dizeres, colados por cima, constando quase sempre de poucas palavras: "Abaixo com a meretriz Domitila, viva dona Leopoldina!"

Chegou a situação um dia ao cúmulo de dona Leopoldina, com os filhos, tendo dado à luz recentemente a sua quarta filha, ser compelida a pedir asilo e proteção na embaixada inglesa. E isso pelo fato de dom Pedro, em pleno sol do meio-dia, ter chegado ao palácio da Quinta da Boa Vista, a cavalo, acompanhado de amigos e de um bando de dez ou mais meretrizes.

Toda essa malta estava sendo dirigida pela marquesa. Dom Pedro declarou que não havia nada de mais, que tinham vindo apenas para realizar ali um festival artístico.

— Tão-só por isso, minha querida, apenas para uma demonstração de arte, explicou dom Pedro, com voz insegura ao deparar com dona Leopoldina. Maria da Glória pode, também, tomar parte no papel de anjinho…

Com profunda tristeza no coração, dona Leopoldina viu que dom Pedro estava novamente sob a influência de um chamado "elixir de amor", elixir esse que estava em moda entre os amigos de dom Pedro e não era nada mais do que um entorpecente. Enquanto essa turba se assentava à mesa do palácio para almoçar, Leopoldina reuniu as crianças e deixou-se levar, de liteira, em direção à embaixada inglesa, no bairro do Botafogo. Lord e lady Chamberlain eram bons amigos seus, e ela podia ficar por lá até que o palácio ficasse de novo limpo.

Leopoldina foi recebida de braços abertos pelo casal de embaixadores. Lord Cochrane achava-se também ali no momento, acompanhado de um amigo, de passagem pelo Brasil. Não fazia ainda uma hora que dona Leopoldina havia chegado, quando ali surgiram José Bonifácio com o irmão Martim Francisco e um padre que sempre pregava na Igreja da Glória.

José Bonifácio aparentava estar doente e esgotado pelo trabalho. Quando estavam reunidos, lord Cochrane tomou a palavra para dizer que o destino tinha vindo em auxílio de todos, porquanto havia muitos dias que vinham estudando a possibilidade de conversar com dona Leopoldina, livres da presença de espiões. A situação no país era de tal modo grave, que urgia de qualquer forma encontrar uma solução.

Tendo lord Cochrane concluído o que desejava dizer, ergueu-se José Bonifácio e, tecendo comentários sobre a profunda amizade que dona Leopoldina sempre demonstrara pelo Brasil, pediu-lhe que aceitasse a coroa imperial, assumindo as rédeas do governo sozinha, como soberana, visto que o povo não depositava mais confiança no imperador. Este começara a alardear seu título de dom Pedro IV de Portugal, havendo mesmo declarado num círculo, em que se achavam presentes portugueses e partidários da Independência, que Portugal e Brasil deviam andar juntos.

Leopoldina certamente estava a par da situação reinante no país, tão bem ou melhor que todos os presentes. Tendo José Bonifácio concluído, tomou a palavra lord Amherst, para dizer que a Inglaterra estava perfeitamente disposta a fechar contratos comerciais com o Brasil, porém fechar contratos com quem? A Inglaterra tudo faria para lhe dar apoio, uma vez que se tornasse imperatriz, pois nesse caso, sim, todas as transações podiam ser feitas com ela. Pessoa alguma de bom senso estaria disposta a fazer qualquer negócio com o volúvel dom Pedro. Mas em dona Leopoldina, filha do imperador da Áustria, toda gente depositava confiança...

Dona Leopoldina, que ouvira tudo aquilo calada, bem sabia que dom Pedro havia perdido a confiança do povo e que já se esboçava mesmo um movimento para exigir a sua abdicação. Ela própria havia também perdido a confiança nele; a despeito de tudo, porém, não devia de forma alguma deixar o seu lugar. Agradecia, assim, profundamente a todos a confiança nela depositada, mas enquanto dom Pedro fosse vivo, não aceitaria jamais a posição de soberana do Brasil.

— Como posso abandonar o pai de meus filhos no momento mais cruciante da vida dele? Não penso, contudo, nos meus filhos agora, penso no povo. Se essa proposta fosse levada a efeito, a consequência seria uma sangrenta guerra civil. A intervenção de tropas inglesas complicaria ainda mais a situação. Não, nunca, de modo algum haveria de sobrecarregar a minha consciência com um ato de traição; jamais desencadearia uma revolução sangrenta!

— Traição? exclamou exaltado Martim Francisco, pondo-se de pé. Como pode Vossa Majestade falar em traição, quando o próprio imperador, dia e noite, outra coisa não faz senão trair a todos nós?

Lord Amherst sacudiu os ombros. Tinha compreendido tudo. Disse em voz alta que o amor, naturalmente, era mais forte que todas as razões de Estado reunidas. Leopoldina fitou-o, sem compreender de momento, o que ele queria dizer. Depois, baixou a cabeça. Talvez fosse melhor ele pensar que ela amava Pedro, não querendo abandoná-lo, pois as suas razões verdadeiras ele não entenderia mesmo.

A única preocupação que a torturava era de ainda não existir um sucessor ao trono. Se existisse um tal, ficaria ao menos garantida a estabilidade da Independência. Assim, porém…

Na manhã seguinte, depois dessa memorável reunião na embaixada inglesa, o próprio dom Pedro veio buscar dona Leopoldina e as crianças. Parecia estar doente, com as mãos trêmulas, queixando-se de dor de ouvidos e de violenta dor de cabeça. Pediu-lhe de joelhos perdão, dizendo que se arrependia das suas fraquezas e que ela ainda mais uma vez tivesse paciência com ele.

Leopoldina retornou ao palácio com as filhas. Não havia outra solução. Se não voltasse, o próprio povo ficaria sabendo que até ela não confiava mais nele, e dom Pedro seria expulso do país. No palácio ela veio a saber que no dia anterior tinha havido ali a representação de uma peça de teatro, na qual a marquesa fazia o papel de Psique e dom Pedro o papel de Amor. Não tardou, porém, que surgissem vários amores à conquista de Psique, resultando daí uma grossa pancadaria, da qual resultou sair ferida uma das moças francesas que fazia parte do grupo...

Dom Pedro esteve doente por mais de quinze dias e dona Leopoldina cuidou dele, desveladamente. Dr. Bernardino, que conhecia bem ervas curativas indígenas, preparou uma beberagem que restabeleceu a saúde de dom Pedro. Dona Leopoldina, contudo, percebeu que também o dr. Bernardino era um daqueles que queria a separação dela de dom Pedro. Mas não se deixou perturbar por isso. Já era suficientemente triste que ela não pudesse salvar dom Pedro, ele que trazia também uma missão a cumprir.

Dom Pedro restabeleceu-se completamente, mas percebia-se claramente que não era um homem feliz. Certo é que continuava como antigamente, conversando e trocando ideias com dona Leopoldina, apenas com a diferença de agora desconfiar de todo o mundo, especialmente dos irmãos Andradas.

— Eles são traidores, dizia, e é preciso cortar-lhes as asas… Toda a explicação que dona Leopoldina pretendesse dar era inútil. Dom Pedro retorquia, dizendo estar informado de fonte fidedigna que os Andradas tramavam contra o império, querendo proclamar a República.

Chegou o dia em que a marquesa, com a ajuda de Carlota Joaquina em Portugal e de um bando de parasitas, conseguiu que dom Pedro consentisse na expulsão dos Andradas. Deviam ser metidos no navio, exilados, a fim de responder perante a justiça, em Portugal.

Ao ter conhecimento dessa notícia, dona Leopoldina procurou pôr-se em contato com José Bonifácio, a fim de dizer-lhe que ficava autorizado a tomar a deliberação que quisesse. Não foi possível. Dom Pedro havia dado ordens terminantes no sentido de não deixar dona Leopoldina sair do palácio e muito menos receber notícias de fora. Era uma prisioneira dentro do palácio. Como poderia ajudar? Andava de um lugar para outro no palácio, desesperada. Nem sequer no parque a deixavam sozinha. Oficiais da confiança de dom Pedro vigiavam para que não entrasse em contato com pessoa alguma.

José Bonifácio e os seus podiam ser exilados do país, mas de forma alguma para Portugal, porque ela bem sabia o que os esperava lá. Na sua angústia dona Leopoldina se pôs a orar, pedindo socorro: "Salve-os, Senhor! Salve-os, Senhor!" Era tudo quanto lhe vinha à mente.

Finalmente a sua prece parecia ter sido ouvida. Achava-se reclinada na cama de olhos fechados. Lágrimas já não tinha mais para chorar. Eis que o som de um sino, já bem seu conhecido, veio arrancá-la do seu abatimento. Ao descerrar ansiosa os olhos, deparou com o vulto de um estranho personagem ao lado da cama. Vinha revestido de um manto prateado salpicado de constelações coloridas, a cabeça coberta por um chapéu de ponta muito comprida. Leopoldina encarou firmemente a aparição, que devia ser o seu auxiliador nas horas de provação. O visitante fitou-a com força dominadora, erguendo nas mãos três rosas.

Entregou-as e desapareceu. Três rosas? Leopoldina pôs-se a pensar no que poderiam significar essas três flores. A figura prateada lhe havia entregue uma rosa branca, uma cor-de-rosa e uma vermelha. Finalmente, Leopoldina veio a lembrar-se de uma palestra que havia tido com Martim Francisco, em que ele lhe tinha explicado, minuciosamente, o rito maçônico. As rosas eram um símbolo da maçonaria: "Que a sabedoria guie a nossa construção, que a força a complete e a beleza a ornamente."

Apenas imprecisamente se lembrou do significado das rosas. Ela teria, portanto, de entregar três rosas a alguém? Mas a quem? Quem poderia, então, proteger José Bonifácio dos assassinos que o aguardavam em Portugal?

"Só mesmo o capitão do navio!" disse alguém em voz alta, a seu lado. Dona Leopoldina não perdeu tempo em pensar quem teria falado. Chamou imediatamente a sua dedicada camareira Roseliana, determinando que fosse procurar Görgey, oficial da sua guarda pessoal. Era um dos oficiais da guarda que tinha vindo com ela para o Brasil. Descendente da velha estirpe dos Woiwoden de Siebenbuergen, o qual, com toda a sua família, sempre tinha servido na corte imperial da Áustria.

Görgey no decorrer dos anos tinha se tornado um auxiliar indispensável para dona Leopoldina em muitas ocasiões. Só ele seria capaz de, às escondidas, fazer com que as rosas chegassem a tempo em mãos do capitão do navio. Ordenou à camareira que fosse ao jardim colher um punhado de rosas, escolheu dentre elas três que lhe serviam e fez um embrulho.

Quando dona Leopoldina contou a Görgey o que planejava fazer, este respondeu-lhe que estava fortemente vigiado, considerando-se, também, como prisioneiro.

"Lady Chamberlain é quem pode ajudar! Mas como entrar em contato com ela?" De repente dona Leopoldina teve a intuição de que a sua amiga inglesa poderia ajudá-la. E Görgey descobriu um meio de fazê-lo. Uma das negras da cozinha do paço, a quem ele, Görgey, havia certa vez socorrido, salvando-lhe o filho, poderia servir de portadora do pacote para a embaixada inglesa. Tinha ele ainda algumas moedas que iria dar para ela.

Leopoldina correu à sua escrivaninha e traçou ligeiro algumas linhas, ocultando o bilhete no meio das rosas. A escrava cumpriu fielmente o seu papel, e lady Chamberlain imediatamente se pôs a caminho do porto. Ao despedir-se de dona "Narcisa", esposa de José Bonifácio, não chamaria a atenção fazer essa entrega, pois as duas eram amigas.

E assim chegaram as três rosas, envoltas num pedaço de seda verde, na cabina do capitão do "Lucânia", navio em que os três Andradas e as suas famílias eram deportados para Portugal.

Ardentemente Leopoldina suplicou a todos os bons espíritos que esclarecessem o capitão do navio. Sendo maçom, o capitão compreenderia o significado das rosas e o pedido que encerravam. E o capitão entendeu a mensagem. Desde o começo a incumbência lhe era desagradável. Sabia muito bem o que se pretendia fazer com José Bonifácio em Portugal. E não era fácil para ele, de sã consciência, entregar à sanha de carrascos pessoas que nada haviam feito de mal.

Demoradamente segurou nas mãos o pedaço de seda verde em que tinham vindo envolvidas as três rosas. Estas estavam amarradas por um cordão de seda amarela. Verde e amarelo! De repente tornou-se tudo claro para ele. Outra pessoa não era, senão dona Leopoldina mesma, que lhe suplicava a salvação dos seus amigos, por intermédio das rosas. Ela mesma havia escolhido essas cores para a bandeira da libertação do Brasil. "O verde de nossas matas, e o amarelo do sol de nossa terra", tinham sido as suas palavras...

E o capitão recebeu o necessário auxílio. Nem foi preciso entrar em conflito com o seu sentimento do dever, porquanto ao se aproximarem do porto de destino, tempestades sobre tempestades açoitavam de tal modo a costa de Portugal, que não foi possível lançar âncora. O Lucânia ficara fortemente avariado, tendo de fazer ancoragem forçada no porto de Vigo, na Espanha. Os portugueses exigiram imediatamente a extradição dos Andradas, mas José Bonifácio sem perda de tempo se pôs em contato com o ministro inglês Cannings. Os Andradas foram salvos através dos ingleses. Chegaram sãos e salvos em Bordéus, na França.

Nem bem chegados ali, dona Narcisa transmitiu notícias a dona Leopoldina, dando conta da feliz chegada deles. Ao ler a notícia Leopoldina caiu de joelhos, agradecendo a Deus pela salvação das famílias. Era para ela como que uma ironia do destino que o mais fiel servidor do país fosse exilado como traidor da pátria, ao passo que os verdadeiros inimigos do Brasil continuavam aqui, governando o país. Vilela, que havia atuado intensamente na deportação de José Bonifácio e dos seus, recebeu uma recompensa de judas: foi elevado à nobreza.

Finalmente raiou o dia que Leopoldina tão ardentemente desejara. Foi a 2 de dezembro de 1825; nascera um herdeiro do trono. A criança era robusta e recebeu o nome de Pedro. Parecia que todas as mulheres dignas, de norte a sul do Brasil, exultavam com ela. As igrejas não podiam conter a multidão que se aglomerava em ação de graças. Dona Leopoldina, contudo, não passava bem. A sua saúde, tantas vezes posta à prova em emoções, contrariedades e cuidados, periclitava. Foi preciso permanecer de cama durante um mês, e o pequeno Pedro foi o único filho a quem não pôde dar de mamar pelo menos uma vez ao dia.

Já no segundo dia do nascimento da criança uma nova tentativa de morte foi feita contra ela e contra o futuro sucessor do trono. Leopoldina acordou na manhã do segundo dia, encontrando o recém-nascido no seu braço. Estranhando que a ama não tivesse vindo buscá-lo, puxou pelo cordão da sineta junto da cama, a fim de chamar pela criadagem. Ninguém apareceu. Tentando levantar da cama, caiu sem sentidos, não sabendo quanto tempo ali permaneceu, largada no chão.

A custo e com extraordinário esforço, conseguiu voltar para a cama. Enregelada, foi acometida de calafrios. A criança extenuada de tanto chorar, adormecera de novo. Também ela estava fria. Não se via nem se ouvia viva alma no palácio; parecia que estava sozinha com a criança. Ia já caindo a tarde, e nada; ninguém aparecia. A Leopoldina só restava pedir a Deus que lhe tirasse a vida, porém que deixasse vivo o filho, a nova esperança do povo.

Desceu o crepúsculo e dona Leopoldina só esperava a morte. De repente, ela devia estar desmaiada, sentiu-se fortemente sacudida pelo braço e Ana, esposa do bibliotecário do palácio, estava de pé, com os olhos amedrontados, ao lado da cama.

— Salva o meu filho, Ana... Nem bem acabara de falar e Leopoldina viu que Ana levava o menino ao seio e o amamentava. Estava, porém, doente e cansada demais para pensar nesse estranho fato.

Na manhã seguinte veio a saber, por intermédio do dr. Mello Franco o que havia sucedido. Ele fora chamado com urgência para socorrer dom Pedro, que tinha tido um ataque e pedia a sua presença. Dr. Mello Franco atendera ao chamado, embora suspeitando de alguma coisa. No caminho desprendeu-se uma roda do carro, escapando ele, por um triz, de sair ferido do desastre. Chegando à casa onde presumivelmente o imperador devia estar à sua espera, logo que ali entrou, fecharam a porta por fora, ficando ele preso durante horas e horas.

A camareira de dona Leopoldina foi encontrada amordaçada e sem sentidos, atirada num quarto desocupado. Os oficiais da guarda tinham desaparecido. Por sua vez, todos os outros serviçais do palácio tinham sido habilmente afastados das suas ocupações, se é que também não estavam comprometidos na trama.

Leopoldina não se espantou por ninguém se achar no palácio no momento que mais precisava de auxílio, pois todas as pessoas em que ela podia depositar confiança tinham sido substituídas por outras, por dom Pedro, que desconfiava de todos. Até as damas de honra estavam sendo sempre mudadas. O próprio dr. Bernardino foi posto de lado, e novos médicos que dona Leopoldina detestava, pela ignorância e presunção deles, estavam dando serviço no paço. Mais dia, menos dia, dr. Mello Franco também seria dispensado. O mordomo do palácio, os oficiais da guarda, até as pajens das crianças viviam sendo trocados constantemente.

Tendo ouvido o depoimento do médico, dona Leopoldina de mãos postas implorou-lhe que protegesse o pequeno Pedro. Vou morrer muito breve, sinto isso nitidamente, mas o Pedrinho precisa viver! Tão-só a presença dele será a garantia da Independência do Brasil, que ninguém mais poderá comprometer.

Dr. Mello Franco prometeu tudo, mas sentia-se também profundamente abatido. Parecia que dom Pedro tinha sido inteiramente abandonado pelos bons espíritos. Que poderia ele, simples médico, fazer contra tudo isso?

Depois que o dr. Mello Franco se retirou, Ana voltou para o quarto de dona Leopoldina, com a criança nos braços. Estava com o rosto contraído, dando a perceber perfeitamente que qualquer coisa a atormentava. Quando Leopoldina com olhar de gratidão e a voz embargada começou a expressar o seu reconhecimento pela salvação da criança, Ana de joelhos e lavada em lágrimas pedia perdão a dona Leopoldina, dizendo que ela também lhe havia feito mal. O remorso não lhe dava sossego.

Nos primeiros momentos dona Leopoldina não compreendeu bem o que com isso queria dizer a mulher que tinha vindo com ela da Áustria para o Brasil.

— É que eu também tenho um filho dele, de dom Pedro... balbuciou Ana. Dona Leopoldina estremeceu. Será que tinha ouvido direito? Mas como haveria de recriminar Ana? Não tinha vindo ao seu socorro na hora do extremo sofrimento? Poderia, acaso, ser má uma mulher assim? Recordou-se dona Leopoldina do marido de Ana. Era um bibliotecário que só tinha interesse por velhos escritos, nada mais.

Não deveria ela, Leopoldina, ter dado mais atenção a essa mulher? Pensando assim, colocou a mão sobre a cabeça da mulher ajoelhada, perguntando como, então, viera ter com ela no momento certo.

Ana contou como ouvira dois pretos se referirem veladamente à iminente morte do herdeiro do trono e de dona Leopoldina. Ficara profundamente impressionada com o que ouvira e desejava apenas prevenir...

Dona Leopoldina notava a dor e o estado de arrependimento de Ana. Pedia portanto a ela que como prova de arrependimento – como prova de arrependimento não, que o seu casamento com dom Pedro na realidade havia muito já estava desfeito – pedia-lhe simplesmente que fosse a ama do pequeno Pedro.

— Tens de conservar a vida do sucessor do trono, pelo amor ao povo! Ana, o teu filho poderá ser criado junto com o meu. Foste a salvadora do meu Pedro, fica junto dele e não deixes acontecer nada de mal a ele. Meu tempo na Terra em breve chegará ao fim; de repente mãos assassinas hão de atingir-me, mas estou preparada.

Chorando ainda, Ana agradeceu a bondade de dona Leopoldina, prometendo zelar mais pela vida do sucessor do trono, do que pela vida do seu próprio filho.

E assim foi: Ana cuidava mais do pequeno herdeiro do trono, cercava-o de muito maior carinho do que ao outro, seu filho. Leopoldina não poderia ter encontrado pessoa mais dedicada para o menino do que Ana. Enquanto Leopoldina viveu, foi a sua mais fiel auxiliar.

Mais uma vez falhara a tentativa de assassinato. Os inimigos, no entanto, isto é, os servos de Lúcifer não se davam por satisfeitos. Era como se não pudessem mais suportar a presença de dona Leopoldina. Cônscios estavam de que tudo lhe poderiam arrancar, menos aquilo que o povo mais admirava nela: a fidelidade.

Dom Pedro não tinha mais sossego. De todo o canto vinham notícias de agitações. Impunha-se uma viagem até a Bahia. Mas não queria ir sem dona Leopoldina. Ela, porém, pediu-lhe que a deixasse em casa. Não tinha recuperado de todo ainda a antiga saúde, além disso não desejava afastar-se do Pedrinho. Por motivos inexplicáveis, no entanto, dom Pedro obrigou-a a fazer a viagem.

Leopoldina já se sentia por demais extenuada para oferecer resistência, do contrário bem que poderia contornar o plano da projetada viagem ao nordeste do país. Quando terminou concordando, porém, ele já não se mostrava tão interessado em que ela fosse, mas como tudo estava preparado para isso, seguiu com ele para a Bahia, mais ou menos dois meses depois do nascimento do menino.

Na Bahia, Leopoldina teve muitas alegrias. As baianas demonstraram francamente que estavam firmes a seu lado. Tinham bordado especialmente para ela uma grande colcha na qual se via a figura da Virgem Maria, olhando para uma pomba em voo. Profundamente comovida, dona Leopoldina recebeu o valioso presente. A casa em que se hospedou o régio casal pertencia a um rico senhor de engenho de açúcar, cuja família tudo fez para tornar o mais agradável possível a estada de ambos na Bahia.

Tão-só dom Pedro era como uma nota dissonante na sucessão dos luminosos dias que dona Leopoldina passou no nordeste. Mal podia ela suportar a companhia dele, sentindo nojo da sua presença, não compreendendo por que motivo ele vivia incomodando-a com a sua presença. Já era tempo de ele perceber que ela não via nele senão um desprezível fracalhão, que não se envergonhava de sacrificar o império, que lhe fora confiado por Deus, por causa de meretrizes e os seus alcoviteiros.

Assim, a despeito dos dias e semanas realmente bonitos que passou na Bahia, Leopoldina ficou contente ao ver-se de novo no Rio de Janeiro. No Rio era-lhe mais fácil defender-se dele e das suas importunações. Percebeu, com horror, que estava novamente grávida. Não, não era possível trazer para o mundo esse filho gerado contra a vontade... era preciso achar uma solução e a solução veio, porém, diferente do que havia pensado.

Dom Pedro, dia a dia, tornava-se mais irrequieto. Expedia as mais contraditórias ordens, de sorte que os ministros muitas vezes não sabiam o que deveriam fazer. Além disso, cada dia que passava, mais se notava que ele se sentia como rei português e que a Independência do Brasil pouco lhe importava. Bebia muito e usava um entorpecente que vinha do norte.

Dona Leopoldina percebia que ele já andava extenuado e que gostaria de se libertar das malhas nas quais estava preso. Sentia-se entediado da marquesa, que de repente passou a fazer-lhe sermões moralistas, como também enojado estava de todas as demais. E ele achou uma saída, declarando um belo dia que era seu propósito assumir o comando das tropas que lutavam na Província Cisplatina. E haveria de voltar vitorioso!

Leopoldina via o afã com que ele preparava tudo para empreender essa viagem, parecendo mesmo que era açulado para isso por forças invisíveis. Bem sabia dona Leopoldina que dom Pedro, no deplorável estado de condições psíquicas e físicas em que se achava, não conquistaria vitória alguma. Mas calou-se. Uma indescritível tristeza apossava-se dela, todas as vezes que observava dom Pedro. Que extraordinária dádiva não tinha tido nas suas mãos, todo um reino, sim, mais do que isso, um reino no sentido espiritual da palavra, e, no entanto, havia se colocado ao lado dos preparados servos de Lúcifer…

No dia da partida, dom Pedro veio ao palácio num estado incrível de exaltação. Foi direto ao dormitório de dona Leopoldina, que andava doente, desde a sua volta da Bahia. Entrou no quarto batendo as esporas, colocou-se em atitude de comando, e declarou que era sua imperial deliberação que ela fosse com os filhos para Portugal, a fim de lá dar à luz a criança que trazia no ventre.

— Pois só desse modo poderemos assegurar para nós a herança do trono português. Leopoldina não ouvia nada do que ele explanava. Ouviu, sim, um ruído como o bramir dos ventos. Respondeu apenas negativamente e talvez tivesse dito mais alguma coisa, mas não sabia, pois dom Pedro num dos violentos acessos de ira, agarrou-a pelos braços, sacudindo-a e empurrando-a para longe de si.

No mesmo instante, o cão fiel, que nunca abandonava dona Leopoldina, deu um salto e investiu ferozmente, de dentes arreganhados, contra dom Pedro. Dom Pedro arrancou o sabre para matar o animal, o que não chegou a executar, pois companheiros seus, tendo dado pela sua ausência e demora, vinham justamente ver o que estava acontecendo.

Ao verem que dom Pedro, nesse seu acesso de ira, procurava matar o cão, arrastaram-no depressa para junto de si e, fechando um cerco em torno dele, não o largaram até que montasse no cavalo que devia conduzi-lo ao cais do porto. Chegando lá, trataram logo de embarcar. Nem bem entraram no navio, já erguiam ferros, e a embarcação partia.

No navio dom Pedro ficou completamente prostrado. Amaldiçoava a todos quantos o haviam obrigado a deixar dona Leopoldina naquela situação de briga. Viagens e mais viagens havia ele feito, e em todas tinha partido satisfeito, acompanhado das suas bênçãos. E agora? Ela estava doente... e ele, em absoluto, não queria que ela fosse com os filhos para Portugal. Somente então brilhou no seu espírito que na realidade não só queriam aqui ficar livres de dona Leopoldina, como dele também. E que outro motivo, senão esse, teria juntado Domitila com dona Carlota? Leopoldina em primeiro lugar. Depois ele.

Tendo agora dom Pedro percebido que estava por demais comprometido em tudo, embriagou-se até cair sem sentidos.

Dona Leopoldina, tão logo dom Pedro saiu dali, foi levada para a cama. Os médicos, chamados a toda pressa, não sabiam o que fazer. Não apresentava ferimento algum, nem parecia sentir dores. Custos, o cão, teve de ser retirado à força de junto da cama, pois não queria deixar ninguém se aproximar da dona.

Leopoldina jazia inerte na cama. Pediu a presença dos filhos e, em seguida, passou a despedir-se de cada um deles. Ao ver Pedrinho, chorou um pouco, porque justamente para ele o seu tempo tinha sido o mais curto de todos. Depois pediu a Ana que assumisse o lugar de mãe para os seus filhos. Perdoava tudo a dom Pedro e pedia que ele encontrasse igualmente perdão diante de Deus.

Tendo sido retiradas as crianças, dona Leopoldina cerrou os olhos. Sentia-se feliz e livre como nunca. A única dor que ainda sentia era a de ter de deixar tão cedo os seus filhos. Pediu então a Deus, o Senhor, em silenciosa oração, que fizesse com que os filhos fossem conduzidos de tal modo, que viessem a reconhecer a tempo o Salvador, pois se todos voltavam à Terra, também os filhos estariam aqui novamente. "Ó Senhor, não os abandones!" Após essa oração, desfez-se também sua derradeira preocupação. Era como se o pedido tivesse sido ouvido. Portanto, não precisava mais se preocupar.

Nas horas que se seguiram, do que lhe restava passar aqui na Terra, pôde vivenciar, como preparação, já uma grande parte do Juízo Final. Viu bem como o Juiz e Salvador descia dos céus à Terra, não sendo, porém, Jesus, embora tivesse de viver igual a Jesus, como ser humano entre os seres humanos. Onde, porém, estavam os servos de Deus? O mundo parecia estar povoado unicamente por servos de Lúcifer.

Entre os adversários da Luz, conseguiu vislumbrar de novo algumas estrelas azuis e, onde estas se achavam, encontravam-se também os servos da Luz. No meio dos inimigos da Luz, portanto, estavam também aqueles que tinham uma missão a cumprir ao lado do Juiz.

"Mais uma vez ainda agir entre os inimigos de Deus, ou melhor, lutar…?"

Horror e medo fizeram estremecer o corpo de dona Leopoldina. As pessoas e os médicos, que se encontravam no aposento, pensavam que a agonia da morte havia principiado. Mas o tremor passou logo. "Que significa o nosso pequeno sofrimento terreno em comparação com o privilégio de poder servir à Luz?"

A alma de dona Leopoldina começava a desprender-se. Divisou ela, então, através das paredes, uma multidão imensa de pessoas ajoelhadas em oração. Admirada, notou que oravam por ela. Por quê? Não sabiam, então, que fora liberta e podia agora voltar à sua verdadeira pátria? Não sabiam que tinha sido uma agraciada? Agraciada como todos quantos permaneceram ao lado da Luz?...

Mais uma vez ainda Leopoldina foi de novo arrastada para a Terra. Seu querido cão tinha se libertado, de alguma forma, conseguindo chegar até a cama e lamber uma das suas orelhas. Ouviu ainda como o oficial Görgey falava com o cão e procurava afastá-lo de junto da cama. Ao mesmo tempo conseguiu captar o pensamento dele e teve de sorrir, pois Görgey pedia a Deus que nunca mais na vida precisasse ver outra vez dom Pedro, nem a cidade maldita, em que mulheres indefesas podiam ser assassinadas. Impunemente assassinadas!

Leopoldina conservou durante longos momentos esse ar sorridente. Os dois médicos movimentaram-se, procurando fazer ainda uma última tentativa para salvar a agonizante. Como, porém, divergiam nos pontos de vista, falhou o seu propósito. Assim pôde Leopoldina, livre e tranquilamente, desembaraçar-se do corpo terreno. Um último agradecimento ergueu-se para as alturas e um último pensamento de amor baixou para os seres humanos na Terra.

"Se todos pudessem saber e intuir como a morte era maravilhosa." Aromas de rosas envolviam o seu espírito, e espíritos conhecidos seus, belos, estendiam-lhe, saudando, os braços. Estava agora entre os seus iguais. Para trás ficara o seu corpo terreno, restando apenas uma vaga lembrança no espírito que por curto espaço de tempo dominara esse corpo.

Tão-só depois da morte de dona Leopoldina é que os médicos descobriram o motivo da sua morte ter sido tão tranquila e sem padecimentos. Havia se exaurido lentamente numa hemorragia. Preocupados com o caso, passeavam de um lado para outro no jardim do palácio. Não podia transparecer e vir a público o fato de não terem tomado medida alguma para salvar a enferma, uma vez que ignoravam por completo o motivo causador dessa morte lenta. Se tal acontecesse, estaria por terra toda a reputação profissional dos dois. Diante disso, procuravam urdir complicadas explicações técnicas para definir o que pudesse ter sido a causa da morte.

Leopoldina teria ficado surpresa se visse quão sincera e profundamente foi sentida a sua morte. Nos últimos meses de vida terrenal esteve tão só e abandonada, que nem lhe passava pela mente que alguém pudesse ainda se lembrar dela.

O povo, na verdade, deveria sentir pesar, não por ela, mas pela vida de dom Pedro. No mesmo instante em que dom Pedro deu nela o empurrão que a fez cair no chão, começou a extinguir-se a chama azul, que, embora fraca e bruxuleante, ainda pairava sobre a cabeça dele. E os laços espirituais que o prendiam a dona Leopoldina, para cumprimento de um destino comum aqui na Terra, no mesmo instante também se romperam. Espiritualmente ele afundou até o degrau dos servos de Lúcifer.

Tristeza, profunda tristeza reinava entre os espíritos e seres luminosos da planície astral, encarregados de estabelecer ligação com os espíritos que serviam na Terra. Um após outro dos escolhidos seguiam os engodos dos servos de Lúcifer. A humanidade estava madura para o Juízo Final…

Dona Leopoldina faleceu em 11 de dezembro de 1826, antes mesmo de completar trinta anos. Ao ser conhecida a sua morte, foi imediatamente enviado um brigue, a fim de levar a notícia a dom Pedro. Nesse meio tempo surgiram agitações e tumultos no

Rio de Janeiro, ouvindo-se constantemente gritos de: "Abaixo com o traidor dom Pedro!" "Abaixo com os assassinos da imperatriz!" e também "Abaixo com a meretriz Domitila!"

Com a morte de dona Leopoldina estava praticamente extinta a carreira imperial de dom Pedro. Guardando o esquife de dona Leopoldina, recriminava-se pelo que havia feito, mas nem um momento sequer gastou em considerar que, pela sua vida irregular e dispersiva, havia desperdiçado a sagrada força de Deus, força de Deus que lhe fora dada para a luta e vitória aqui na Terra!

AO LEITOR

A Ordem do Graal na Terra é uma entidade criada com a finalidade de difusão, estudo e prática dos elevados princípios da Mensagem do Graal de Abdruschin "NA LUZ DA VERDADE", e congrega aquelas pessoas que se interessam pelo conteúdo das obras que edita. Não se trata, portanto, de uma simples editora de livros.

Se o leitor desejar uma maior aproximação com aqueles que já pertencem à Ordem do Graal na Terra, em vários pontos do Brasil, poderá dirigir-se aos seguintes endereços:

Por carta:
ORDEM DO GRAAL NA TERRA
Caixa Postal 128
CEP 06803-971 – EMBU – SP – BRASIL
Tel/Fax: (11) 4781-0006

Pessoalmente:
Av. São Luiz, 192 – Loja 14 – (Galeria Louvre)
Consolação
Tel.: (11) 3259-7646
SÃO PAULO – SP

Internet:
www.graal.org.br
graal@graal.org.br

NA LUZ DA VERDADE
Mensagem do Graal de Abdruschin

Obra editada em três volumes, contém esclarecimentos a respeito da existência do ser humano, mostrando qual o caminho que deve percorrer a fim de encontrar a razão de ser de sua existência e desenvolver todas as suas capacitações.

Seguem-se alguns assuntos contidos nesta obra: O reconhecimento de Deus • O mistério do nascimento • Intuição • A criança • Sexo • Natal • A imaculada concepção e o nascimento do Filho de Deus • Bens terrenos • Espiritismo • O matrimônio • Astrologia • A morte • Aprendizado do ocultismo, alimentação de carne ou alimentação vegetal • Deuses, Olimpo, Valhala • Milagres • O Santo Graal.

OS DEZ MANDAMENTOS E O PAI NOSSO
Explicados por Abdruschin

Amplo e revelador! Este livro apresenta uma análise profunda dos Mandamentos recebidos por Moisés, mostrando sua verdadeira essência e esclarecendo seus valores perenes.

Ainda neste livro compreende-se toda a grandeza de "O Pai Nosso", legado de Jesus à humanidade. Com os esclarecimentos de Abdruschin, esta oração tão conhecida pode de novo ser sentida plenamente pelos seres humanos.

ISBN-85-7279-058-6 • 80 p.
– Também em edição de bolso

RESPOSTAS A PERGUNTAS
de Abdruschin

Coletânea de perguntas respondidas por Abdruschin no período de 1924-1937, que esclarecem questões enigmáticas da atualidade: Doações por vaidade • Responsabilidade dos juízes • Frequência às igrejas • Existe uma "providência"? • Que é Verdade? • Morte natural e morte violenta • Milagres de Jesus • Pesquisa do câncer • Ressurreição em carne é possível? • Complexos de inferioridade • Olhos de raios X.

ISBN-85-7279-024-1 • 174 p.

ALICERCES DE VIDA
de Abdruschim

"Alicerces de Vida" reúne pensamentos extraídos da obra "Na Luz da Verdade", de Abdruschin. O significado da existência é tema que permeia a obra. Esta edição traz a seleção de diversos trechos significativos, reflexões filosóficas apresentando fundamentos interessantes sobre as buscas do ser humano.

Edição de bolso • ISBN-85-7279-086-1 • 192 p.

Obras de Roselis von Sass, editadas pela ORDEM DO GRAAL NA TERRA

A GRANDE PIRÂMIDE REVELA SEU SEGREDO

Revelações surpreendentes sobre o significado dessa Pirâmide, única no gênero. O sarcófago aberto, o construtor da Pirâmide, os sábios da Caldeia, os 40 anos levados na construção, os papiros perdidos, a Esfinge e muito mais... são encontrados em "A Grande Pirâmide Revela seu Segredo".

Uma narrativa cativante que transporta o leitor para uma época longínqua em que predominavam o amor puro, a sabedoria e a alegria.

ISBN-85-7279-044-6 • 368 p.

A VERDADE SOBRE OS INCAS

O povo do Sol, do ouro e de surpreendentes obras de arte e arquitetura. Como puderam construir incríveis estradas e mesmo cidades em regiões tão inacessíveis?

Um maravilhoso reino que se estendia da Colômbia ao Chile.

Roselis von Sass revela os detalhes da invasão espanhola e da construção de Machu-Picchu, os amplos conhecimentos médicos, os mandamentos de vida dos Incas e muito mais.

ISBN-85-7279-053-5 • 288 p.

FIOS DO DESTINO DETERMINAM A VIDA HUMANA

Amor, felicidade, inimizades, sofrimentos!... Que mistério fascinante cerca os relacionamentos humanos! Em narrativas surpreendentes a autora mostra como as escolhas presentes são capazes de determinar o futuro. O leitor descobrirá também como novos caminhos podem corrigir falhas do passado, forjando um futuro melhor.

Edição de bolso • ISBN-85-7279-092-5 • 304 p.

REVELAÇÕES INÉDITAS DA HISTÓRIA DO BRASIL

Através de um olhar retrospectivo e sensível a autora narra os acontecimentos da época da Independência do Brasil, relatando traços de personalidade e fatos inéditos sobre os principais personagens da nossa História, como a Imperatriz Leopoldina, os irmãos Andradas, Dom Pedro I, Carlota Joaquina, a Marquesa de Santos, Metternich da Áustria e outros...

Descubra ainda a origem dos guaranis e dos tupanos, e os motivos que levaram à escolha de Brasília como capital, ainda antes do Descobrimento do Brasil.

ISBN-85-7279-059-4 • 256 p.

O LIVRO DO JUÍZO FINAL

Uma verdadeira enciclopédia do espírito, onde o leitor encontrará um mundo repleto de novos conhecimentos. Profecias, o enigma das doenças e dos sofrimentos, a morte terrena e a vida no Além, a 3ª Mensagem de Fátima, os chamados "deuses" da Antiguidade, o Filho do Homem e muito mais...

ISBN-85-7279-049-7 • 384 p.

A DESCONHECIDA BABILÔNIA

A desconhecida Babilônia, de um lado tão encantadora, do outro ameaçada pelo culto de Baal.

Entre nesse cenário e aprecie uma das cidades mais significativas da Antiguidade, conhecida por seus Jardins Suspensos, pela Torre de Babel e por um povo ímpar – os sumerianos – fortes no espírito, grandes na cultura.

ISBN-85-7279-063-2 • 304 p.

ÁFRICA E SEUS MISTÉRIOS

"África para os africanos!" é o que um grupo de pessoas de diversas cores e origens buscava pouco tempo após o Congo Belga deixar de ser colônia. Queriam promover a paz e auxiliar seu próximo.

Um romance emocionante e cheio de ação. Deixe os costumes e tradições africanas invadirem o seu imaginário! Surpreenda-se com a sensibilidade da autora ao retratar a alma africana!

ISBN-85-7279-057-8 • 336 p.

SABÁ, O PAÍS DAS MIL FRAGRÂNCIAS

Feliz Arábia! Feliz Sabá! Sabá de Biltis, a famosa rainha que desperta o interesse de pesquisadores da atualidade. Sabá dos valiosos papiros com os ensinamentos dos antigos "sábios da Caldeia". Da famosa viagem da rainha de Sabá, em visita ao célebre rei judeu, Salomão.

Em uma narrativa atraente e romanceada, a autora traz de volta os perfumes de Sabá, a terra da mirra, do bálsamo e do incenso, o "país do aroma dourado"!

ISBN-85-7279-066-7 • 416 p.

ATLÂNTIDA. Princípio e Fim da Grande Tragédia

Atlântida, a enorme ilha de incrível beleza e natureza rica, desapareceu da face da Terra em um dia e uma noite...

Roselis von Sass descreve os últimos 50 anos da história desse maravilhoso país, citado por Platão, e as advertências ao povo para que mudassem para outras regiões.

ISBN-85-7279-036-5 • 176 p.

OS PRIMEIROS SERES HUMANOS

Conheça relatos inéditos sobre os primeiros seres humanos que habitaram a Terra e descubra sua origem.

Uma abordagem interessante sobre como surgiram e como eram os berços da humanidade e a condução das diferentes raças.

Roselis von Sass esclarece enigmas... o homem de Neanderthal, o porquê das Eras Glaciais e muito mais...

ISBN-85-7279-055-1 • 160 p.

TEMPO DE APRENDIZADO

"Tempo de Aprendizado" traz frases e pequenas narrativas sobre a vida, o cotidiano e o poder do ser humano em determinar seu futuro. Fala sobre a relação do ser humano com o mundo que está ao redor, com seus semelhantes e com a natureza. Não há receitas para o bem-viver, mas algumas narrativas interessantes e pinceladas de reflexão que convidam a entrar em um novo tempo. Tempo de Aprendizado.

Capa dura • ISBN-85-7279-085-3 • 112 p.

O NASCIMENTO DA TERRA

Qual a origem da Terra e como se formou?
Roselis von Sass descreve com sensibilidade e riqueza de detalhes o trabalho minucioso e incansável dos seres da natureza na preparação do planeta para a chegada dos seres humanos.

ISBN-85-7279-047-0 • 176 p.

PROFECIAS E OUTRAS REVELAÇÕES

Esta publicação tem o objetivo de destacar a importância e significado de algumas profecias e outros temas, assim como levar o leitor a reflexões sobre a urgência da época presente e sua atuação como agente transformador.
– *Extraído de "O Livro do Juízo Final".*

Edição de bolso • ISBN-85-7279-088-8 • 176 p.

LEOPOLDINA. Uma vida pela Independência

Pouco se fala nos registros históricos sobre a brilhante atuação da primeira imperatriz brasileira na política do país. Roselis von Sass mostra os fatos que antecederam a Independência e culminaram com a emancipação política do Brasil, sob o olhar abrangente de Leopoldina. – *Extraído do livro "Revelações Inéditas da História do Brasil".*

Edição de bolso • ISBN-85-7279-111-3 • 144 p.

Obras da Coleção
O MUNDO DO GRAAL

JESUS – O AMOR DE DEUS

Um novo Jesus, desconhecido da humanidade, é desvendado. Sua infância... sua vida marcada por ensinamentos, vivências, sofrimentos... Os caminhos de João Batista também são focados.

"Jesus – o Amor de Deus" – um livro fascinante sobre aquele que veio como Portador da Verdade na Terra!

ISBN-85-7279-064-0 • 400 p.

OS APÓSTOLOS DE JESUS

"Os Apóstolos de Jesus" desvenda a atuação daqueles seres humanos que tiveram o privilégio de conviver com Cristo, dando ao leitor uma imagem inédita e real!

ISBN-85-7279-071-3 • 256 p.

A VIDA DE MOISÉS

A narrativa envolvente traz de volta o caminho percorrido por Moisés desde seu nascimento até o cumprimento de sua missão: libertar o povo israelita da escravidão egípcia e transmitir os Mandamentos de Deus.

Com um novo olhar acompanhe os passos de Moisés em sua busca pela Verdade e liberdade. – *Extraído do livro "Aspectos do Antigo Egito".*

Edição de bolso • ISBN-85-7279-074-8 • 160 p.

MARIA MADALENA

Maria Madalena é personagem que provoca curiosidade, admiração e polêmica!

Símbolo de liderança feminina, essa mulher de rara beleza foi especialmente tocada pelas palavras de João Batista e partiu, então, em busca de uma vida mais profunda.

Maria Madalena foi testemunha da ressurreição de Cristo, sendo a escolhida para dar a notícia aos apóstolos.

– *Extraído do livro "Os Apóstolos de Jesus".*

Edição de bolso • ISBN-85-7279-084-5 • 160 p.

JESUS – FATOS DESCONHECIDOS

Independentemente de religião ou misticismo, o legado de Jesus chama a atenção de leigos e estudiosos.

"Jesus – Fatos Desconhecidos" traz dois relatos reais de sua vida que resgatam a verdadeira personalidade e atuação do Mestre, desmistificando dogmas e incompreensões nas interpretações criadas por mãos humanas ao longo da História. – *Extraído do livro "Jesus – o Amor de Deus".*

Edição de bolso • ISBN-85-7279-089-5 • 194 p.

ASPECTOS DO ANTIGO EGITO

O Egito ressurge diante dos olhos do leitor trazendo de volta nomes que o mundo não esqueceu – Tutancâmon, Ramsés, Moisés, Akhenaton e Nefertiti.

Reviva a história desses grandes personagens, conhecendo suas conquistas, seus sofrimentos e alegrias, na evolução de seus espíritos.

ISBN-85-7279-076-4 • 288 p.

REFLEXÕES SOBRE TEMAS BÍBLICOS
de Fernando José Marques

Neste livro, trechos como a missão de Jesus, a virgindade de Maria de Nazaré, Apocalipse, a missão dos Reis Magos, pecados e resgate de culpas são interpretados sob nova dimensão.

Obra singular para os que buscam as conexões perdidas no tempo!

Edição de bolso • ISBN-85-7279-078-0 • 176 p.

QUEM PROTEGE AS CRIANÇAS?
Texto: Antonio Ricardo Cardoso
Ilustrações: Maria de Fátima Seehagen e Edson J. Gonçalez

Qual o encanto e o mistério que envolve o mundo infantil? Entre versos e ilustrações, o mundo invisível dos guardiões das crianças é revelado, resgatando o conhecimento das antigas tradições que ficaram perdidas no tempo.

Capa dura • ISBN-85-7279-081-0 • 24 p.

JESUS ENSINA AS LEIS DA CRIAÇÃO
de Roberto C. P. Junior

Em "Jesus Ensina as Leis da Criação", Roberto C. P. Junior discorre sobre a abrangência das parábolas e das leis da Criação de forma independente e lógica. Com isso, leva o leitor a uma análise desvinculada de dogmas. O livro destaca passagens históricas, sendo ainda enriquecido por citações de teólogos, cientistas e filósofos.

ISBN-85-7279-087-X • 240 p.

O FILHO DO HOMEM NA TERRA – Profecias sobre sua vinda e missão

de Roberto C. P. Junior

Profecias relacionadas à época do Juízo Final descrevem, com coerência e clareza, a vinda de um emissário de Deus, imbuído da missão de desencadear o Juízo e esclarecer à humanidade, perdida em seus erros, as Leis que governam a Criação.

Por meio de uma pesquisa detalhada, que abrange profecias bíblicas e extrabíblicas, Roberto C. P. Junior aborda fatos relevantes das antigas tradições sobre o Juízo Final e a vinda do Filho do Homem.

Edição de bolso • ISBN-85-7279-094-9 • 288 p.

BUDDHA

Os grandes ensinamentos de Buddha que ficaram perdidos no tempo...

O livro traz à tona questões fundamentais sobre a existência do ser humano, o porquê dos sofrimentos, e também esclarece o Nirvana e a reencarnação.

ISBN-85-7279-072-1 • 352 p.

LAO-TSE

Conheça a trajetória do grande sábio que marcou uma época toda especial na China.

Acompanhe a sua peregrinação pelo país na busca de constante aprendizado, a vida nos antigos mosteiros do Tibete, e sua consagração como superior dos lamas e guia espiritual de toda a China.

ISBN-85-7279-065-9 • 304 p.

ZOROASTER

A vida empolgante do profeta iraniano, Zoroaster, o preparador do caminho Daquele que viria, e posteriormente Zorotushtra, o conservador do caminho. Neste livro são narrados de maneira especial suas viagens e os meios empregados para tornar seu saber acessível ao povo.

ISBN-85-7279-083-7 • 288 p.

ÉFESO

A vida na Terra há milhares de anos. A evolução dos seres humanos que sintonizados com as leis da natureza eram donos de uma rara sensibilidade, hoje chamada "sexto sentido".

ISBN-85-7279-006-3 • 232 p.

Correspondência e pedidos:

ORDEM DO GRAAL NA TERRA
Caixa Postal 128
CEP 06803-971 – EMBU – SP – BRASIL
Tel./Fax: (11) 4781-0006

www.graal.org.br – e-mail: graal@graal.org.br

RR DONNELLEY

IMPRESSÃO E ACABAMENTO
Av Tucunaré 299 - Tamboré
Cep. 06460.020 - Barueri - SP - Brasil
Tel.: (55-11) 2148 3500 (55-21) 3906 2300
Fax: (55-11) 2148 3701 (55-21) 3906 2324

IMPRESSO EM SISTEMA CTP